從有限到無限，
真光福音教會的勇氣與見證

成為神蹟，你也可以！

Be A Miracle, Yes You Can!

真光福音教會／著

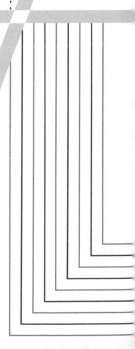

好評推薦

（順序依姓氏筆畫排列）

杜思誠——台灣同志諮詢熱線秘書長

感謝真光福音教會一直以來和同志社群站在一起，支持許多同志和同志友善的基督徒；他們也與同志團體並肩而行，為同志平權運動努力，讓台灣的基督教會有同志友善的聲音，並持續和其他教會對話……他們也在同志運動需要的時候挺身而出，在記者會、公聽會實踐上帝的公義，向社會傳達上帝愛同志的聲音；同時，他們也在許多同志朋友遭受創傷時，提供溫暖的愛與支持。

祝福真光福音教會成為更多同志與同志友善基督徒溫暖的家，繼續呈現基督教義的善與美。

邱慕天——新媒體宣教學院學務研發主任、神學工作者

新約時代的安提阿城作為前一個希臘帝國政權的百年首都，它的文明具體而微彰顯了歐亞非民族文化多樣性，可謂一座文明博物館、人類動物園。城市垣牆劃分了各個族裔生活的地界，將猶太人區、貴族區、黑人區、貧民區……按著生物標籤「分門別類展示」。

城內唯一的「跨文化」是市集（ἀγορά），靠著鑄有凱撒像的帝國貨幣為共同語言，糾集了不同族群。然而就在一世紀，城裡忽然誕生了一群新奇得難以界定的族類，以「基督」為共同語言。來自世界各處猶太人／外邦人、大陸人／海島人、富人／窮人、男人／女人、自由人／奴隸階層沒有隔閡地敬拜上帝、分享財物、相親相愛。這群怪咖（Queer）的存在打破了時人既有刻板印象，聽他們口口聲聲高喊基督，就統稱為「基督黨人」（Χριστιανούς）吧！

成為一間「歡迎所有人」的教會談何容易？但這正是真光福音教會一路迄

今經歷的「神蹟」。過去十五年，「性小眾族群遭遇的排斥和異化」是化了妝的祝福，促成真光夥伴們相聚在基督裡，經歷聖靈工作；未來卻是追求邁向單單為「基督」包容定義，有意識地想要擴展突破的經驗框架／隱性類別標籤。

這並不是一間堂會的任務，而是所有作主門徒的群體，本該對齊的初代教會使命。願「真光福音教會」的十架見證，成為這樣的提醒：催生今日更多在基督愛裡包容差異、消弭隔閡、關懷受造的 Χριστιανούς。

鄧筑媛——彩虹平權大平台執行長

從二〇一六年十一月二十八日，大平台辦的第一場街頭活動，真光福音教會的張懋禎牧師、Elisha牧師就跟我們一起，站在第一排，對著群眾、對著媒體，傳達對於同志社群、對於平權的支持力量。

真光福音教會十五歲生日快樂！謝謝真光福音教會的牧師與夥伴們，在過去這幾年間，花了這麼多的時間跟力氣，接住那些受傷的人，幫我們撥開那些歧見跟仇恨，用行動彰顯基督信仰中的愛，讓靈魂在愛裡得到釋放。

黎璿萍——台灣同志家庭權益促進會秘書長

長年以來，由於對於推動婚姻平權法案的立場相異，台灣基督信仰群體與多元性別群體面臨嚴重的撕裂與對立，在此之中的「同志基督徒」更是面臨多重弱勢的困境，不僅在信仰中成為難民，而在性別認同的歷程中，原先仰賴的信仰社群卻成為傷害自身的加害者，如何修補群體間的創傷，或許不是仰賴單一友善教會可以復原，但真光的存在卻是修復的曙光，期待真光福音教會可以邁向下一個十五年，共創友善同志生養的社會。

謝謝真光福音教會的存在，讓同志家庭看見基督信仰的愛與溫暖。

專文推薦

成為上主手中的工具：與主同行十五年

王增勇

真光已經十五年了！第一次拿到初稿，心中充滿感激，這一群有信德的人啊！如同原初基督徒般，在壓迫與誤解中，與主親密同行中，交託自己成為天主手中的工具，於是懋禎牧師才會說「神蹟和你想的不一樣」，這句話是在天主手中交託自己的人才能體驗的。

真光成立的十五年，正是台灣社會對同性戀議題進行討論、衝突與辯證的歷程，同志基督徒身在衝突的核心，無不經歷冰火兩極的內外在撕裂，真光的故事正鑲嵌在這個台灣社會的淬煉歷程中。

這本書分成四部，由一篇篇真光成員的生命故事勾勒出真光福音教會的集體足跡：第一部〈呼召的神蹟〉記述懋禛牧師與真光團隊從同志基督徒受壓迫的生命經驗中，受神啟發的「歡迎所有人」教會異象所召喚；第二部〈醫治的神蹟〉見證著成員在愛中得到的療癒，這裡的療癒不是人眼中的定義，而是依照神的計畫而定；第三部〈家庭的神蹟〉記錄著成員家庭如何帶傷轉化；第四部〈平權的神蹟〉標記著真光在推動台灣同志平權運動上所做出的努力與付出。

這本書從個人、家庭到社會的層面，以呼召、醫治、家庭與平權的多重神蹟，見證了天主透過真光所實踐的愛。這是一個禱告的過程，在其中，我們交託了自己，聆聽上主的聲音，讓自己成為神手中的工具。

我沒有參與真光，但從這本書中看見這十五年所發生的神蹟。以往的生命故事多半是由多位當事人自行書寫，事後再行整合，或是在開頭增加一篇綜合整理的文章。這本書跟以往生命故事的書籍不同的是，這本書是由第三人稱所書寫，因此文筆與敘事風格相當一致，讓整本書的可讀性大增。這也代表訪談與書寫的負擔都需要由少數人承擔很大部分的工作，但從目前結果來看，這樣的付出是值得的。

最後，我想記錄一段真光成立的故事，見證懋禛牧師成立真光前的關鍵時刻。二〇〇八年，也就是懋禛牧師決定要成立真光的那年，台灣生命教育學會在規劃與推動給全國國高中老師生命教育課程時，針對同性戀議題成立了一個小組，我跟洪英正老師擔任這組的召集人。我與洪老師分別代表對同性戀議題的正反立場，我們各自邀請專家學者參與小組討論。

當時，我邀請懋禛牧師參與，但會議一開始，小組成員陳尚仁牧師就要求懋禛先離席，他先是質疑懋禛牧師沒有博士學位，不夠資格參與小組。我反駁小組的目的在於不同意見的對話，懋禛牧師是少數基督宗教裡支持同志的牧師，因此他的觀點有助於小組內部的對話。之後，陳尚仁牧師就威脅，如果懋禛牧師在小組分享中表示自己是同志，他有責任要向長老教會舉報他的同志身分，這點希望我先轉達給懋禛，讓他自己考量是否要參加。

面對這樣的威脅，我感到非常憤怒，但由於當時懋禛任職於長老教會總會，事關他在長老教會的處境，我不得不跟懋禛說明這樣的情況。我記得懋禛牧師聽了之後，思考了一下，就說：「我不怕，我願意參與小組討論！」我擔心我的邀請會導致他工作上的困擾，因此再次跟他確認，懋禛牧師才跟我說，他有自行成立教會的想法，因此不怕這件事。

當下，面對他的肯定與平安，我內心是震動不已的；而今他的肯定與平安讓真光在神的愛中走了十五年，並有了這麼多神蹟的見證。回想當年往事，心中感謝讚美天主。

本文作者為政治大學社會工作研究所教授

專文推薦

山重水複疑無路

陳思豪

我不認為世界上有所謂「歡迎所有人的教會」，但如果像張懋禎牧師和其同工們所努力的，要成為「願意歡迎所有人的教會」，不論其呈現、實踐得如何，都無疑已經是合上帝心意，得上帝和人的喜悅了。

我和張懋禎牧師是長老會台灣神學院的同班同學。當年神學院內發生黑函攻擊懋禎的同志身分，班上二十幾位同學雖然在同志議題上立場不同，但有過半認為懋禎有他就學的權利。我就直接向懋禎表達，同學們（至少我們那一撮比較「逞凶鬥狠」的）會不惜和校方槓上，維護他就讀、畢業的權利。還好後來校方很聰明地以「未具名黑函，不予理會」的方式處理，免去了一場風暴。

其實，還在讀神學院的我，仍然是那種比較保守固執的基督徒，認定同性戀不得上帝喜悅，是悖逆上帝的罪。但我毫無疑問認為，就算是「萬惡的同性戀」還是有讀神學院的權利。

基督徒認為聖經反對同性戀，其實是犯了解經上「時代錯置的謬誤」（anachronistic fallacy）。聖經其實沒有處理過同性戀的議題，遑論反對了。如果我們願意謙卑且理性一點分析，會清楚，聖經反對的是「異性戀之間的同性性行為」。因為在聖經生成的時代，根本就還沒有「同性戀」的概念，就算是同性戀者也會被視為異性戀（言盡於此，看懂就會懂，看不懂寫再多也還是不懂）。故聖經並沒有任何反對「同性戀」的教導。然而可悲的是，基督徒反同的錯誤理解早已成為堅實的傳統，從西方到東方，都成了難以撼動的教義。

生命是苦，生活是難，但若用心經營體驗，會知道上帝的恩典能力夠用。

這本書有許多同性戀者、支持同性戀的異性戀者分享其一生的起伏冷熱、酸甜苦辣。如果撇開性傾向或其他自己不熟悉的元素不論，細細閱讀，感受書中每個活生生的人的掙扎進退、喜怒哀樂，不論站在什麼立場，都會從心裡真摯地尊重、珍惜這些努力生活的人。

本文作者為台灣基督長老教會牧師

專文推薦

包容．醫治．整全的信仰共同體：真光福音教會的美麗圖像！

鄭仰恩

真光福音教會成立十五年了，主任牧師張懋禛將他自己、核心團隊和許多會友的生命故事記錄下來，成為共同的見證，且即將出版成書，真是可喜可賀！

本書所記錄且呈現的，是一幅包容、醫治、整全的美麗教會圖像，是經過十五年細心經營、雕琢成形的，也是全體教會經歷上帝「神蹟大能」的美好故事（關於神蹟，本書有非傳統、去刻板化的新觀點和詮釋，請讀者自行閱讀、體會）。此外，真光福音教會也關注人權、動物權及生態公義，參與婚姻平權運動，學習舊約先知及耶穌「行公義、好憐憫」的精神，是當代台灣社會裡一間獨特且「另類」的教會。

近半世紀來，普世教會的關心焦點同樣轉向「教會觀」（ecclesiology），不斷地自我質問：「我們的教會觀是否有缺陷？是否不整全？」也因此，普世教會逐漸強調如何形塑一個「肯認生命」（life-affirming）且「包容」（inclusive）的教會觀。換句話說，當代普世教會的關注就是如何成為一個對「他者」（the other）友善的教會。很特別的是，這樣的觀點是受到社會邊緣人以及身心障礙團體的啟發。讓我舉幾段最近由普世團體所接納的共同聲明文為例：

- 上帝國的好消息關乎應許要實現一個公正且包容的世界。「包容」指在人類群體跟受造界當中促進公平的關係，讓人跟受造界彼此認同，也相互尊重且維繫彼此的神聖價值。包容也促成彼此能完全參與在群體生活當中，在基督裡受洗意味著一生委身於克服各種障礙來闡明此一盼望，為了在上帝的主權之下找到共同身分（加3:27-28）。因此，針對任何人的各種形式的歧視在上帝眼中都是不被容許的。

- 我們的社會經常會視身心障礙或疾病是一種罪的彰顯或是需要解決的醫療問題。這種醫療模式強調必須去矯正或治療那些在個體身上被假定為「有缺陷」的部分。然而，醫治更重要的是恢復整全，而不僅是矯正某些被視為不完美的部分。要成為完全，那些被切割疏離的部分必須要重新被接納取回。宣教就是在教會及社會的生活裡促成所有人和身心障礙者及生病之人的全然共同參與。
- 當那些過去被遺棄的個別或群體的生命都被接納包容時，當那些被忽視或邊緣化的生命在愛中被團聚連結且經歷到整全時，我們將看到上帝在地上掌權的記號。

我有幸能夠近距離觀察並見證懋禛牧師及真光福音教會所經歷的信仰旅程，

為此向上帝獻上感恩，更誠摯將此一美好故事推薦給所有的讀者！

本文作者為台灣神學院教會歷史學退休教授
現任台北濟南教會神學與教育牧師、長老教會研發中心特約研究員

目錄

CONTENT

Part 4

平權的神蹟

附錄

更進一步了解真光

序言

神蹟和你想的不一樣

真光福音教會主任牧師　張懋禛

很難想像真光福音教會已經滿十五年了，當初在我和Dennis家的第一場聚會仍讓人難忘。那時我們憑著一股愛神、愛人、愛土地的熱情，雖不清楚將來會需要克服多少困難，只單純希望能聚集一群渴望經歷上帝無條件大愛的人、建立一個能打破各樣藩籬的教會。

一開始我們就有許多想推動的理念、想服務的對象。我們構思「健康、熱情、豐盛」的核心價值，訂下「信徒、門徒、使徒」的宣教異象，也設定自己是一間「不為特定族群設立，歡迎所有人的教會」。

在我們各樣策略和事工規劃、異象和信息傳遞中，「神蹟」這個詞其實不常出現。但如今，當我們想為這本訴說真光福音教會故事的書找尋一個關鍵字時，「神蹟」竟成為每一位執筆人都認同，最能代表真光十五年來與眾不同的見證。

神蹟不是我們追求的目標

當眾人聚集的時候，耶穌開講說：「這世代是一個邪惡的世代。他們求看神蹟，除了約拿的神蹟以外，再沒有神蹟給他們看。約拿怎樣為尼尼微人成了神蹟，人子也要照樣為這世代的人成了神蹟。」（路加福音11:29-30）

耶穌曾感嘆很多人想看他行神蹟，但縱使他已經使許多人經歷神蹟，不少人卻仍不願意悔改。耶穌的這段話一直提醒我們，雖然真光福音教會有許多經歷神蹟的故事和生命見證，但我們始終不把追求神蹟當作目標。我們把追求上帝主權（神的國和義）的實現視為最重要的事。我們認為**神蹟是「指向上帝的記號」！重點是上帝，而非神蹟**。神蹟的目的若不是為了讓人認識和經歷耶穌、若非彰顯上帝的屬性和能力，就不算是神蹟。

我們相信最大的神蹟就是人心的轉變，就是願意「渴望經歷和相信耶穌，在他愛中察覺自己身為人的罪和黑暗面；進而轉向上帝、接受耶穌為救主，活出愛上帝、愛人如己的生命」。而神蹟就會在上帝的恩典裡，加上人的信仰實踐，自然而然發生。

大多數教會教導同性戀是罪，需要悔改。但真光福音教會特別之處，在於我們相信每個人都是需要上帝拯救的罪人，透過聖經研究和生命見證，我們宣告同性之間的委身和親密關係並不是罪。這本書所記錄的，就是在這個神學觀和信仰行動下，十多位不分異同的獨特生命，在這間多元又合一的教會所經歷到的神蹟，所見證到耶穌慈愛、公義、超自然的福音大能。

我不以福音為恥；這福音是上帝的大能，要拯救一切信的人，先是猶太人，而後外邦人。因為這福音啟示上帝怎樣使人跟他有合宜的關係：是起於信，止於信。正如聖經所說的：「因信而得以跟上帝有合宜關係的人將得生命。」（羅馬書1:16-17）

上帝用神蹟加強我們的見證

既然這樣，如果我們忽略這麼偉大的拯救，怎能逃避懲罰呢？主本身首先宣告了這拯救；那些聽見的人也已經向我們證實。同時，上帝自己用異能、奇事，和各樣的神蹟來加強他們的見證。他又按照自己的旨意，把聖靈的恩賜分給我們。（希伯來書2:3-4）

本書不進行聖經和同志與多元性別的神學辯論，是因為這類討論已有不少出版品和網路資源可供參考，但上帝肯定同志（LGBTQI+）與多元家庭的生命見證卻不多見。因此我們分享基督徒同志和支持同志的異性戀基督徒們的信仰觀和生命故事，讓上帝透過在真光福音教會的許多神蹟奇事來證實：上帝不只愛同志和多元家庭，更是要肯定、支持、呼召、重用他們，並跟他們爭取尊嚴、平權站在一起。

讀這本書你也會明白，神蹟不是一般人所以為的「超自然事件」。神蹟更包括思維更新、信仰改革、公義彰顯等上帝作為。我們不僅在新約聖經關於耶穌基督的記載中看見，也從舊約聖經許多先知的話語和教訓中聽見。在這本書，你會看見一個又一個上帝偉大拯救的神蹟、聖靈醫治生命和轉化社會的工作。

透過這些故事，我們見證：「既然這樣，我們該怎麼說呢？只要上帝在我們這一邊，誰能敵對我們呢？他連自己的兒子都不顧惜，給了我們眾人。既然這樣，他不會也把萬物白白地賜給我們嗎？誰會控告上帝所揀選的人呢？上帝已經宣布他們無罪了！那麼，誰還會定他們的罪呢？絕不是基督耶穌！」（羅馬書 8:31-34a）

神蹟方程式

從聖經記載和這本書的生命故事裡，我們發現神蹟是基於「恩典」——上帝無條件的賞賜。但人若要經歷神蹟，也不總是只單坐在那裡，等上帝幫我們做事。**上帝的恩典和人的行動是神蹟發生的兩個必要條件**，而透過本書，你將發現一個能依循的**神蹟方程式：大夢想＋敢行動＋神介入**。

這裡的夢想指的是上帝的旨意和作為，當一個人或群體願意把自己的夢想臣服於上帝的夢想時，「呼召」就因此產生。當人願意用勇氣回應上帝呼召、敢持續靠信心採取行動、肯在過程中接受上帝調整，神蹟就會持續發生。而上帝的夢想絕對是人無法靠自己的理解力和能力完成的，所以神一定要介入在整個過程中。人願意讓上帝介入到什麼程度、人的做法是否真的是上帝要做的，就會影響神蹟最終的結果。

邀請你敞開心胸，跟著真光福音教會一起進入這趟超乎你想像的神蹟之旅。

也讓我們不只希望領受神蹟，更渴望成為神蹟。因為當我們成為神蹟，眾人就會渴望認識耶穌。有限的你，可以跟無限的上帝，一起讓神蹟發生！

第
1
部

呼召的神蹟

01 黑函攻擊也阻止不了

你們本來想害我，但是上帝卻化惡為善，為的是要保存許多人的性命；由於從前所發生的事，今天才有這許多人活著。

——創世記50章20節

一度想放棄生命

二〇〇四年五月十日上午十點多，多通電話震驚了當時就讀神學院的張懋禛，他得知一封匿名傳真肆無忌憚地在台灣基督長老教會相關機構和各地教會廣傳。上面有他的照片，文字中寫著：教會若再不表明立場，會再有第二位、第三位長老會的同性戀牧師出櫃……請全台教會關心且迫切代禱！這是第一個披露的資料！請關心！

張懋禛資料：

1. 現為台灣神學院神研所學生（未出櫃的同性戀運動者）。
2. 長老教會傳播基金會傳播季訊的編撰委員。
3. 為長老教會牧師之子，曾被同光教會選立為長老。
4. 在網上和文章中，為同志圈教會的積極活躍聯絡人。

這封黑函在那個台灣還沒人能想像同性結婚、社會對同志有嚴重刻板印象的時代，對一般人已具殺傷力，何況是在基督教界？它足以摧毀一個人的人生！任何神學生被這樣出櫃，可能面對被要求搬離宿舍、被退學或不授予學位、沒資格受教派差遣、沒有教會想聘任、教派拒絕為其封牧等。懋禛牧師回想：「得知黑函消息時，我內心充滿驚恐、絕望、憤怒……宛如未審先判，一生將因性傾向失去受教權、工作權、生存權！我一度想放棄生命。」

在人生最黑暗的時刻，懋禛牧師想到愛他的爸媽。他擦乾眼淚，用仍發抖的雙手打電話跟張宗隆牧師和林玉如師母聯絡。得知發生的事情後，牧師師母帶他禱告，向上帝祈求保護，並告訴他：「我們就把這事交託上帝，多年來我們都很愛你，你也不要擔心我們。」

探索之旅

懋禛牧師生長在基督教家庭，父母曾在神學院任教。從小到大他和姊姊就在滿滿愛中得養育陪伴、自由成長。長老教會傳統中理性思考、研究聖經、重視公義等價值無形中也滋養他的生命。

一九九三年高中畢業後，懋禛牧師參加教會營會認識一位弟兄，兩人相互的好感和性吸引讓他察覺到自己的性傾向。但「同性戀是罪、會下地獄」的觀念讓他們在營會結束前一起禱告認罪，立志不再連絡；不過他們很快又因太想對方而再次碰面。懋禎牧師希望自己不是同性戀，卻又無法否認十歲左右就對同性有好感。他決定上大學後要搞清楚：同性戀到底是什麼東西？

搬進大學宿舍第一晚，懋禎牧師在房間獨自整理從小到大的信仰知識和經歷。他得出初步信念，就是縱使同性戀是罪，但耶穌是愛罪人、親近罪人的神，所以同志也是被愛的，能向上帝求憐憫。於是他跪下祈禱：「親愛的主耶穌，我真心想知道祢怎麼看待我喜歡男生這件事，求祢親自告訴我、引導我走正路，也求祢關上祢不希望我踏入的門！」

開學後懋禎牧師加入學校團契，向輔導們請教同性戀相關問題，得到的答案有：同性戀是罪、是精神疾病或鬼附身，需要治療或趕鬼、男同性戀很淫亂會染上愛滋病死亡、同性戀成因是小時候被性侵或受家庭傷害等。他接著借閱當時幾乎所有圖書館能找到有關同性戀的書、查閱國外期刊、運用寫報告整理文獻，也到基督教書店翻閱當時少數幾本有提到同性戀的書。

他發現，關於同性戀的中文資料和英文論述很不一樣。他聯絡致力於改變同性性傾向的「走出埃及輔導協會」，跟負責人碰面深談，驚覺他們對同志「成因」的解釋很負面，跟自己的正面成長經驗和健全家庭關係極為不同，而他們「治療性傾向」的方法也無法說服他。

懋禎牧師於是想從社會找答案，加入同志團體「同志工作坊」，參加讀書會、跟著他們的「同志串聯反歧視之約」行動，抗議某愛滋研究學者用有問題的研究法寫出充滿刻板印象和汙名化的結論。漸漸的，他瞭解身為同志並不是精神疾病也不是因兒時受創經驗、同志就是情感與身心對同性有著和異性兩人之間一樣的真愛和性吸引、同志與愛滋病不應該被畫上等號。他愈來愈能接受自己是同志，但也持續祈求上帝引導。

爸媽，我是同志

為了能和更多人討論同志議題，一九九五年初，懋禎牧師決定在政大成立地下同志社團「陸仁賈」，取名「路人甲」的諧音是因他認為同志就是一般人，社會不該對同志有異樣眼光。無形中他參與了台灣社會早期的同志運動，認識來自各大專院校同志組織的幹部。透過其中一位跟懋禎牧師同樣是牧師兒子的夥伴Dan，他認識到已故的楊雅惠牧師，追尋之旅進入新的階段。

「第一次和楊牧師會面，是在當時台灣最知名的同志酒吧Funky，我和Dan與楊牧師聊了很多彼此的故事和想法。楊牧師提供跟傳統不同的神學資訊和友善同志的聖經詮釋，我分享自己的歷程和想建立同志基督徒團體的夢想。我們於是決定在網路上號召想一起聚會的同志基督徒碰面。」之後他們便在一九九五年十月成立「約拿單團契」、一九九六年五月設立為「同光同志長老教會」。

在楊牧師帶領下，懋禎牧師認真服事、研究聖經，也經驗到同志基督徒因終於有接納自己的信仰群體而更愛慕上帝、彼此相愛，他更相信上帝沒有理由反對同志。但他還是擔心，自己會不會反而帶更多人下地獄？所以加倍渴望聽見上帝的聲音。

他有機會參加一場「先知預言禱告」聚會，透過一位劉竹村牧師為他禱告時看見的異象和傳達的話，他確認上帝對他同志身分的肯定、聽見上帝對他建立教會的鼓勵。這條探索之旅走得崎嶇但充滿神蹟，盡心盡力踏實的每一步終於讓懋禛牧師得以整合並擁抱自己的信仰和身分。接下來，他也鼓起勇氣在一九九六年暑假，透過文字對爸媽說：我是同志。

懋禛牧師回憶，「我非常感謝爸媽用溫柔和傾聽回應我的出櫃。我知道媽媽很自責、他們有很多疑問，但我告訴他們我是同志不是因為他們做錯什麼。我分享各方面的資訊，也讓他們不要擔心我的生活。」最後懋禛牧師的父親對他說：「不論你決定什麼，我們都愛你。只要你不離開上帝，我們相信上帝一定會繼續帶領你的人生，我們會一直為你禱告！」在那個沒有任何同志父母支持團體與資源的年代，宗隆牧師和玉如師母倚靠上帝辛苦地嘗試了解與認識，最終接受與支持兒子的同志身分。

在神凡事都能

懋禛牧師一九九八年夏天前往美國讀書，在波士頓看見許多教會竟都可以接受同志，「All Are Welcome」的標語深深吸引著他。那時他想著，如果同志不是只能在同志教會聚會，而是若每間教會都是「歡迎所有人的教會」，那有多好！

在美期間，懋禛牧師參加同志基督教派「大都會社區教會」（Metropolitan Community Church）的聚會和服事、一九九九年領受上帝呼召他成為牧師、兩年後搬到洛杉磯在MCC總部工作，也在神學和平權上更多學習。知道台灣不會有神學院接受同志，懋禛牧師便計畫在美國讀對同志開放的神學院，但內心深處他是害怕回台灣的。他問上帝：「我怎麼可能用同志身分公然在台灣服事？」

但神的意念高過人的意念，懋禛牧師二〇〇二年回台灣為父親慶祝六十大壽，在申請更換工作簽證時竟被拒三次，他只能放棄在美的一切。回顧這段上帝把他從美國帶回台灣乃至於之後面對黑函的過程，懋禛牧師說：「原來上帝要我知道祂是呼召的主，我是僕人，祂要我去哪裡我就該去那裡。祂要我學會面對恐懼，要我經歷耶穌說的『在人這是不能，在神凡事都能』。」

黑函後的神蹟

當時評估台灣教會實況並為了保護父母，懋禛牧師沒有以出櫃同志身分申請報考台灣神學院道學碩士。黑函事件後，懋禛牧師知道有關他是同志的消息漸漸在神學院與教會界傳開。有少數幾位老師和同學直接詢問他並給予友善回應，但更多的是從別人傳來的論斷和批評。不過上帝真的是化惡為善的神，懋禛牧師當時實習的教會有一位同工因親眼看過黑函，進而鼓勵教會裡隱藏身分的同志會友要跟懋禛牧師分享。

透過同志會友的介紹，懋禛牧師經歷最美的神蹟，開始跟Dennis交往，伴侶關係至今已滿十八年。在上帝的保護和幾位長老教會內關心同志族群的牧師幫助下，黑函事件最終對張牧師並無帶來太大傷害。二〇〇五年他順利畢業並受派在長老教會總會研究與發展中心服事，他深深感激這些長輩的幫助。

不過，類似情形又發生在懋禛牧師申請封牧的那一年，有些人因知道他是同志強力反對，但他仍順利在二〇〇八年接受長老教會總會按立為牧師。他再次知道，背後都是上帝恩典和許多人基於信仰良知和勇氣的協助，他希望向每一位致上最大敬意與感謝！但懋禛牧師說：「這些歷程讓我深刻體認到教會一直到現在都對同志存有壓迫、威脅、剝奪權利的不公義。也沒有教會願意主動向同志傳福音。我想改變它！」

成為牧師前的張懋禛就一直思考自己身為神國僕人的未來，他明白自己若一直待在長老教會將無法真實做自己、活出上帝對他的呼召和最大的生命潛能。

他可以選擇隱藏自己的同志身分，在有充沛資源和福利的長老教會內服事；或是以上帝給他特別的性別身分為榮，勇敢公開地對同志社群傳福音、牧養多元性別者，甚至打造一間不為特定族群設立、只為歡迎所有人（All are welcome）的教會。

他想像著一間不論身分背景、性別認同、社經位置、身心狀況、家庭型態、感情或婚姻狀態等，所有大人小孩都能一同經歷上帝愛和公義的教會。而這樣的教會，二〇〇八年一月六日就在懋禛牧師和Dennis的家中開始了第一場主日禮拜。

02

確定異象，堅持就能看見神蹟

上主這樣回答我：「你要把我所啟示你的清楚地寫在板上，讓人一看就讀得出來。你要把它寫下來，因為實現的日期還沒有到。但是時候就要到了，我所指示給你的很快就要實現。你也許會覺得太慢，但是等著吧，事情一定發生，且不耽延。」

——哈巴谷書2章2－3節

在懋禛牧師領受異象、要開拓一間歡迎所有人的教會之後，他和他的伴侶Dennis以及幾個同工開始禱告，尋求更多關於這間教會的細節，也開始為期半年到不同教會觀摩、學習。

有一次Dennis問懋禛牧師：「你希望當別人提到真光福音教會時，除了是歡迎所有人的教會之外，還希望別人想到什麼？」懋禎牧師回答：「我希望大家喜愛這間教會的敬拜，在敬拜中每個人都能經歷到上帝。我也希望這是間充滿神蹟的教會，每個人都能在這裡真實感受到耶穌的愛，知道上帝是又真又活的神。」

這是一件說起來容易、卻很難做到的事，因為想達到這樣的目標，絕非是人手所能做的；唯有緊緊倚靠上帝，也唯有上帝才能做到。「如果要實現這樣的異象與夢想，那就必須時時警惕自己，在神面前謙卑並時刻仰賴上帝的大能。」Dennis用堅定的口吻說出他的信念。

歡迎所有人？

在二〇〇八年，光是一間同志的教會，都可能遭受批評、攻擊，更遑論什麼叫做「建立一間歡迎所有人的教會」。來自各界的聲音與質疑從四面八方傳到懋禎牧師、Dennis以及教會同工耳中：「一間歡迎所有人的教會？同志怕出櫃、怕被認出來，才不敢去呢！」、「異性戀有那麼多教會可以去，為什麼要去一間有同志、而且牧師是同志的教會？」、「歡迎所有人只是一種說法，終究是誰都無法討好，也不會有人想去的一間教會！」

面對各種質疑，懋禛牧師和Dennis仍緊緊抓住那一開始的異象，相信教會本來就應該是歡迎所有人的，更相信在上帝國度中，每個人都應該被視為美好。因為〈創世記〉1章31節寫著：「上帝看他所創造的一切都很好！」

「歡迎所有人不應該只是個口號，而是需要學習從內心用上帝創造的眼光去尊重、尊榮每個人。」懋禛牧師不斷在教會中傳達這樣的訊息，即使在一開始還不到十個人聚會時，懋禛牧師就開始教導著會眾如何尊榮個體。二十多歲才信耶穌的Dennis也表示：「要建立起一間歡迎所有人的教會，就必須看待每一個人都是上帝美好的創造，不應該用性傾向去區分人。上帝的愛是廣大且深闊的，祂甚至將祂的獨生子賜給我們，那麼誰又能夠將神的愛與人隔絕呢？」

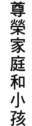

尊榮家庭和小孩

即使有尊榮思維的教導，但似乎還少了些什麼？一間歡迎所有人的教會的異象，似乎應該被更大的擴張。Dennis在初期就對會友們說：「我們必須想像真光福音教會真正的模樣！如果我們希望之後在真光不只有同志，更有異性戀、家庭、小孩，那麼我們現在就要開始建立起有小孩在我們當中的思維。」

成為一間歡迎所有人的教會，意味著有不同性傾向與家庭樣貌的人在當中，即使在還沒看見成就之前，就需要嘗試用更遠的眼光看待這間教會。在生活中，當有小孩在群體中的時候，大家都會謹言慎行，每個人會關心、在意小朋友，知道小朋友都在學習大人們的說話方式。Dennis認為，即使教會教導尊榮每個獨特的個體，但同時也必須知道每個人的所言所行也可能帶給小孩影響，甚至就是在雕塑教會的文化。

尊榮的文化同時也需要落實在每個孩子身上，所以十五年來，你會發現在真光的禮拜堂裡，即使在牧師講道時，都可能發生小朋友到處跑，或者大叫或哭泣的狀況。但每個會友都仍平靜地看待這一切，甚至對小朋友的單純感到喜樂。因為往往從小孩的身上，所謂的大人們反而可以學習到更多！就像〈馬可福音〉10章14-16節耶穌的教導：

耶穌對門徒說：「讓小孩子到我這裡來，不要阻止他們，因為上帝國的子民正是像他們這樣的人。你們要記住，凡不像小孩子一樣來接受上帝主權的人，絕不能成為他的子民。」於是他抱起小孩子，一個一個地摸他們，給他們祝福。

去標籤化

為了建立一間真正歡迎所有人的教會，在一開始就必須慎重並有所取捨。雖然真光在一開始大部分是同志，也希望有更多同志能知道上帝愛同志、希望有更多同志的生命能認識並被神的愛所碰觸。但因著異象、同時明白在教會初期是很容易被標籤化的，因此真光做了一個特別的決定，就是在教會初期不參加同志遊行。

這個決定，在當時並不被所有的會友所認同，甚至覺得既然要讓同志認識上帝，為何放棄同志遊行這樣一個傳揚福音的大好機會？但在懋禛牧師與Dennis不斷討論思考下，依然覺得在初期參與同志遊行很容易被誤解真光福音教會是一間同志教會，而一旦這樣的標籤被貼上，將更難將真光真正的異象——歡迎所有人——這樣的思維，讓大家知道且看見。

「我們不是要建立一間同志教會，而是要打破藩籬，讓所有人知道有一間教會可以讓每個人自在地用神所創造的樣式來親近祂。」Dennis和懋禛牧師都希望，當人們來到真光，是因為想要親近神，自然地每個人就會把目光聚焦在上帝身上，而不只是尋求同伴、尋找身分的庇護所。因為在神國裡，人人都需要上帝庇護，無論是否為同志。

這樣的取捨，的確慢慢地讓更多人看見，真光福音教會的確不是一間同志教會，而是一間真實想要歡迎所有人的教會。雖然過程中有同志會友因此離開，卻也有更多異性戀、異性家庭，甚至是離婚的媽媽或爸爸帶著小孩來到真光，一起敬拜與渴慕上帝的愛、經歷上帝的恩典。

在幾年過去後，已有更多人——不論性別與性傾向——明白「歡迎所有人」的異象；真光於是開始參與同志遊行，甚至加入同志婚姻平權運動當中。而無論是同志遊行或是婚姻平權，真光福音教會從來都不是只有同志會友參與在這些運動中，而是每一個真光人都熱切響應。

在這樣沒有區分的教會中，歡迎所有人的異象也不再被質疑，甚至有更多的教會也想要成為「歡迎所有人的教會」。感謝上帝的賜福以及台灣社會的進步，真光如今在生理性別和性傾向上，女男的比例、主流性別與多元性別的比例，都呈現平衡發展的趨勢。

敬拜聚焦在神

有了歡迎所有人的思維、去標籤化的文化，真光福音教會創立時的另一個異象——讓人們來教會時能聚焦在神，甚至讓大家在敬拜中可以深刻經歷到上帝，該怎麼做到呢？真光福音教會的詩歌敬拜有一個很不同的特點，就是會唱英文詩歌。「明明英文不是我們的母語，而且我的英文也不太好，為什麼要唱英文詩歌？」這是每個來到真光的新家人時常感到疑惑、甚至不解的地方。

在教會創立初期人手不夠的狀況下，即使過去沒有什麼帶領敬拜的經驗、甚至是第一代基督徒的身分，Dennis為了減輕懋禛牧師的負擔，自告奮勇站出來帶領敬拜。但也因為少了一些過去教會經驗的束縛，反而成為Dennis勇敢跳脫框架的思考。他分享了跟懋禛牧師當時的一段對話。

「我聽了許多中文的詩歌，我有點不太明白。」Dennis對懋禛牧師說。

「是哪個部分呢？」牧師問。

「為什麼許多中文詩歌的主體是『我』而不是神呢？感覺似乎是在對上帝唱，但重點卻時常僅停留在述說自己的難過或是遭遇。雖然是可以帶給人感動與共鳴，但似乎不是單單來敬拜神。」

「但我發現許多英文歌反而是很簡單地在敬拜上帝的屬性、讚美神的偉大作為。」Dennis說，於是「可以用英文詩歌帶敬拜嗎？」這樣的想法就很直接地產生了。

懋禛牧師經過一段時間的思考與體認後，也很同意Dennis所說的。他們相信，重點或許不是中文詩歌或英文詩歌，而是敬拜的焦點是誰？Dennis認為：「我始終相信當我們敬拜聚焦在神身上的時候，上帝必會對每個人說話。」於是真光福音教會的詩歌敬拜會安排至少一半的英文詩歌。

即使許多人第一次到真光聚會，聽到英文詩歌可能無法立刻跟著唱，但十五年期間，教會卻不斷聽到真光家人們分享：當他們第一次來到真光、當台上開始敬拜，雖然唱的是英文詩歌，即使不熟悉，但眼淚卻無法停止掉落，甚至真實地感受到「我回到家了」。最常聽到的分享是：「即使不明白為何流淚，但卻又清楚地感受到神在對我說話，是我從未有過的經驗。」

每次聽到這些分享，Dennis 知道從一開始的敬拜異象，以及堅持敬拜需要聚焦在上帝身上這件事，是正確且美好的堅持。他說：「不是我們人做了什麼所以感動人，而是聖靈運行在敬拜中。當上帝透過音樂、歌詞、聖經、意念等方式親自對人說話、親自撫慰安慰人心，這一切是何等美好！」當人們專心來尋求神、單單敬拜祂、讓神成為那唯一的焦點，上帝自然會做祂要做的事，包括醫治與神蹟。

Dennis 依舊堅定地說：「創立真光福音教會十五年來，即使人數逐漸成長，也有更多人知道、認識真光福音教會。但無論是在歡迎所有人理念的落實、尊榮每個人的思維，以及敬拜詩歌的選擇，我們都仍堅持一開始創立的異象，就是『這是間可以讓人真實感受到上帝的愛、同時也充滿神蹟的教會』。這樣的堅持在十五年後仍在繼續。」

也因為這種堅持，真光許許多多姊妹弟兄家人們的生命充滿了上帝神蹟的記號；而這些記號，也將持續吸引更多人想要來經歷上帝、渴望認識耶穌。「願上帝的榮耀持續照亮真光福音教會，而上帝的智慧也帶領真光繼續走向更大、更美好的未來，繼續為世上更多人帶來祝福！」

03

被神學院拒絕也不放棄

唯有我知道我為你們安排的計畫：我計畫的不是災難，而是繁榮；我要使你們有光明的前程。

——耶利米書29章11節

砲火猛攻的口試現場

二〇〇九年的夏天，一間神學院的教室裡正進行基督教關顧與協談研究所的入學面試，當時還只是平信徒、但渴望回應上帝呼召的Elisha牧師，隻身面對五位老師的「提問」，噙著淚水的她聽見窗外蟬叫聲劃破天際，如同當時內心的掙扎與吶喊。

口試前十分鐘一般提問後，一陣靜默，其中一位老師開口：「妳對同性戀的看法是什麼？」Elisha牧師愣了兩秒，但仍堅定地回應：「上帝愛每一個人，我認為最重要的是協助人與上帝建立親密的關係，不論他的身分是什麼。」

「妳知道聖經〈創世記〉第19章索多瑪城被毀滅就是因為同性戀嗎？」

「聖經〈羅馬書〉也提到男與男不可行可恥的事，這妳怎麼解釋？」

「妳這樣不對！妳怎麼知道妳相信的是真理？」

口試場合瞬間變成神學辯論現場，這時，坐在中間的一位老師突然問道：「那，妳是同性戀嗎？」頓時空氣凝結，最後的問題如核彈般炸向Elisha牧師，她直愣愣地看著那位老師，一句話也說不出來。這其實是攸關個人隱私、與就讀研究所無關的問題，Elisha牧師大可不必回答，但對當時被砲火猛攻的她，已經毫無招架之力。一番掙扎之後，她默默對上帝作簡短的禱告：「主，我決定誠實說出事實，求祢保守接下來的道路。」

「是，我是同志。」她緊握拳頭的手發抖著。

「那妳有伴侶嗎？」、「妳們交往多久？」、「妳知道這不對嗎？」沒想到這場口試並沒有就此結束。三十分鐘後，Elisha牧師終於踏出教室，在一片蟬鳴聲的校園裡放聲大哭。

尋找的，必尋見！

Elisha牧師是初代基督徒，家裡沒有特定信仰的她，對信仰抱持多元開放的態度。在上帝奇妙的安排下，從小就有基督徒老師與同學在不同階段邀請她參與聖誕節聚會，聚會中的愛與溫暖就這樣在她生命種下福音的種子。

Elisha牧師成長過程中的創傷經驗使她有低落的自我形象，不認為自己配得他人的愛。十八歲的她在面對課業與感情時，因著創傷經驗的反撲感到十分痛苦，想起過去每逢在聖誕節的美好經驗，她下定決心要找到那份感動，更渴望自己能得到醫治，她決定再度踏進教會。但是，進入教會對Elisha牧師來說，有一道關卡——就是她的同志身分。

當時的教會氛圍對於同志族群有著嚴重的汙名與標籤，禁止同志族群一同享用聖餐、甚至趕出教會的例子也有所耳聞。Elisha牧師深感痛心，當時的她認為不該有任何一個生命被拒絕在教會之外，不該定罪無辜之人，使他們無法在聖殿敬拜上帝。雖然環境如此不友善，但Elisha牧師沒有就此放棄——「世界上總會有教會是接納自己的！」她深深相信著。

對上帝說「我願意！」

Elisha牧師在一次聚會裡聽見懋禛牧師分享「教會」的樣貌：會友們有多元的身分背景、性別認同、社經位置、身心狀況、家庭型態、感情或婚姻狀態，聚會時甚至有孩子跑來跑去的一間「歡迎所有人」的教會。她回憶道：「我當時聽見深深被感動，這才是教會真正的樣貌呀！是『所有人』都可以敬拜上帝的教會！教會應當是要彰顯上帝無條件的愛，而不是阻止人與上帝建立關係！」

二〇〇八年一月六日，Elisha牧師參與在懋禎牧師與Dennis位於板橋的社區公寓中——真光福音教會的第一場禮拜。還記得當時懋禎牧師詢問她：「你願意協助教會哪個部分呢？」她直率地回答：「我都可以！我可以跑腿、打雜，任何上帝及教會需要我做的，我都願意！」就這樣，開啟了她踏入同工之路。

同時，在懋禎牧師與Dennis的帶領、教會的小組與養育系統的牧養之下，Elisha牧師深深經歷耶穌的愛，從創傷中漸漸走了出來！她相信她的價值唯有創造她的上帝能定義，不讓自己被過去、他人所定義，知道自己已經因著耶穌的拯救配得上帝無條件的愛，沒有人能奪走她上帝女兒的身分。Elisha牧師的生命因著願意委身與服事而日漸成熟。

Elisha牧師大學畢業時面臨世界金融大海嘯，找工作十分困難，但上帝恩待她，使她在一間出口貿易當外語業務。這份工作能夠運用她的語言專業為客戶進行服務，但她始終覺得不滿足，她想著，她能夠成為現在的她，乃是因為有耶穌。這樣「神聖不滿足」的渴望持續醞釀著，直到有一天，她加班到晚上十點多，拖著疲憊的身軀，朝著辦公室的門口走去預備下班，她轉頭看著每一個座位，問自己：「這真的是我一輩子的志業嗎？」

渴望一觸即發，有一個意念突然進來：「如果每個青年的心被耶穌觸碰，他們年輕的生命會被建造翻轉！他們會大膽活出上帝放在心中的夢想！國家會被改變、世界會充滿上帝國的影響力！」這個意念在接下來成為她每一天的禱告，感動日漸強烈。有一天上班途中的靈修默想裡，一個微小而堅定的聲音浮現：「成為青年們的牧師！」

Elisha 牧師決定與懋禛牧師、Dennis 分享這個過程，邀請兩位參與在確認呼召的守望禱告裡。經過一段時間的禱告、分享與討論，按照 Elisha 牧師的恩賜，在兩位牧者領袖的建議下，她決定報考一間神學院的基督教關顧與協談研究所，計畫透過在神學院的訓練，有聖經神學知識上的基礎學習，更可以在牧養關顧的理論實務上扎根來回應上帝對她的呼召。

被拒絕，是自己領受錯了嗎？

就在砲火猛攻的口試一結束，Elisha牧師立刻與懋禛牧師與Dennis聯繫，電話一頭的哭泣聲讓他們感到心疼，邀請她到他們的家中。「辛苦了！我相信上帝必會為妳開路的！」懋禛牧師見到Elisha牧師說的第一句話，成為她的定心丸。當天他們充滿愛與溫暖的禱告不僅讓她得著安慰，並透過談話梳理，理解到自己不是獨自面對，他們是她強大的後援與支持。之後，他們與Elisha牧師一起擬稿寫信去學校抗議荒腔走板「被出櫃」的口試一事，但最終學校因為已知同志身分的緣故，拒絕Elisha牧師進神學院就讀。

這個結果對Elisha牧師來說是無疑是一大打擊。她開始自我懷疑：「被拒絕，是我領受錯了嗎？」、「還是這就是上帝的旨意？」、「是不是其實我沒有這個呼召？」除了必須面對口試時所受的傷害，對自己是否領受呼召更抱持著質疑。經過沉澱，在禱告中上帝問她：「妳要選擇定睛在我身上？還是選擇定睛在打擊上？」

這絕對是當頭棒喝，Elisha牧師意識到自己要將焦點放在上帝身上，而不是「自己認為的失敗」上。因為人所認為的失敗，在上帝看來卻要轉化成為盼望與恩典的轉機。二〇一〇年於真光的特會中，特會講員先知Jeremy對Elisha牧師的預言中再次印證上帝的帶領：「我一直以妳為榮！妳從未失敗過，孩子！沒有任何事情可以把妳從我的手中奪走。」

而上帝繼續帶領Elisha牧師回想當初被呼召時的感動，她對上帝揀選愚拙的自己、放下這個偉大的夢想感到不可思議，她真心渴望這世上的青年也能明白上帝對他們生命的心意，並發揮潛力為世界帶出屬靈影響力！

這時，Elisha牧師明白，雖然神學院拒絕她的同志身分，但上帝並沒有拒絕對她的呼召。

勇敢踏上呼召的神蹟

「如果神學院不接納同志就讀，那麼我們就來培訓妳回應上帝對妳的呼召！」懋禛牧師與Dennis的這番話給Elisha牧師極大的激勵與信心，在他們的規劃下，她進修聖經、基督教教理、講道學、禮拜學、牧養基礎等課程的同時，也在教會擔任同工，從打掃清潔開始循序漸進，招待關懷、敬拜服事、行政事務……等進行長達五年多的教會實習，在懋禛牧師與Dennis帶領的牧養現場中，有更為扎實的教會實務學習，成為之後牧會時重要的養分，這是當初Elisha牧師意想不到的。

就在這一年，教會也決定開始青年小組的聚會，上帝竟奇妙地帶領幾位高中生、大學生主動來到教會。Elisha牧師開始陪伴這些青年，包含生命扎根於基督信仰價值、釐清並認同自己的身分、協助與家人關係的和好、學校人際關係的轉化、確認未來的生涯規劃等。

在幾年的牧養之後，多位青年找到上帝放在他們生命中的夢想，真實經歷上帝在重要考試中的應許成就，與家人關係奇妙地得著恢復，更是在教會服事中熱情付出來回應上帝的恩待。Elisha牧師意識到，上帝使用她個人的生命經驗成為青年們的祝福，若不是上帝，她無法靠著自己的能力成為青年的牧羊人。

二〇一五年七月Elisha牧師正式封牧，距離她領受呼召整整七年的時間。她深深知道，這段時間她所經歷的神蹟能夠成就，除了感謝上帝，也要感謝在背後一群支持她、時常為她禱告、陪伴她成長突破的牧者領袖與同工。在面對神學院的拒絕，Elisha牧師可以選擇突顯神學院對同志族群受教權的歧視而起身據理力爭，但她沒有這麼做，她知道這不是她的禾場，她的目光始終在於還有更多人渴望得到生命解答、渴望找到人生方向、渴望為世界帶來良善與公義的影響力。

在封牧之後的服事，上帝更是加添能力給Elisha牧師，在二〇一六年於懋禛牧師與Dennis的安息年中勇敢接手帶領教會，盡心牧養會友，持續陪伴青年，也包含女性、伴侶們，使其生命與關係經歷突破更新，同時關心兒童與弱勢族群、投入平權活動。因著Elisha牧師熱愛研究聖經，她也常透過查經課程激發會友對上帝話語的渴慕。

因著這份經歷使她確信，當我們對夢想、呼召願意謙卑並勇敢地跨出信心的步伐，上帝必會擴張渴慕並介入，整合生命經驗為我們預備，用超自然的方式成就超過所求所想的神蹟！Elisha 牧師說道：「我深知，這趟神蹟旅程尚未結束，還有更多！」

04

毛小孩也可以來教會！

我與你和你們的後裔立約，並與你們這裡的一切活物，就是飛鳥、牲畜、走獸，凡從方舟裡出來的活物立約。

——創世記9章9–10節

比答案更好的回應

二〇一〇年九月某個深夜，Vivian思緒紛亂睡不著覺。她剛答應交往一年的男友提議，以結婚為前提共同生活，應該是令人興奮的事，但對Vivian來說卻不是如此，因為她很清楚知道自己是同志。這一年來努力嘗試和異性交往，現在非但沒有符合社會期待的釋放，反而更徬徨不安。

另一個讓Vivian卻步的原因，就是男友不認同她吃素。從小在基督教家庭長大的他，甚至用聖經經文來佐證，試圖說服Vivian：「上帝創造動物是為了人類、我們有絕對的支配權。」、「上帝同意動物可以作為獻祭，牠們本來就該為人類犧牲。」、「動物沒有靈魂，不需要救贖，死後也不會上天堂。」

「這真的是祢的心意嗎？求祢親自對我說好嗎？」Vivian在心裡反覆向神求問，核心價值觀被挑戰的焦慮，使她迫切希望知道答案。不知過了多久，正當快要睡著的時候，突然間聽到有人在對她說話，清晰的意念在腦裡出現：「去上網搜尋看看！」

她在驚訝中起身走向書房開了電腦，半信半疑打開Google頁面搜尋，結果令她不可置信。原來在國外早已存在素食基督徒，成立團契、定期聚會、製作期刊、發表相關的信仰論述。彷彿黑暗中出現一道光，瞬間照亮伸手不見五指的未知，Vivian興奮又感激，清楚知道剛剛經歷了神蹟，祂賜下的不僅是答案，而是能讓信心得以興起的盼望。

信仰的起承轉合

Vivian五歲多時，爸爸因一清專案被補入獄。記憶中爸爸個性剛烈，幫派背景令他需要比誰都凶狠，但四年多後再見面，熟悉的威嚴中竟有一份陌生的溫柔祥和。某天看到爸爸在讀聖經，才知道他在獄中受洗了。爸爸曾說〈出埃及記〉的事蹟令他震撼，也曾指著〈箴言〉的教導讚嘆稱是，年幼的Vivian雖然聽不懂，但對基督教的好感油然而生。

出獄後的爸爸經朋友介紹去教會聚會，卻因為不明白十一奉獻的真義，對財務拮据還堅持奉獻的行為不能理解，轉而對信仰質疑和批判。Vivian記得曾有宣教士按門鈴想傳福音，就被爸爸激動的轟出去，但她對外國人竟願意離開家鄉來台灣「分享好消息」印象深刻，加深對基督教的好奇。

家庭背景的關係，媽媽特別怕Vivian學壞，國中時讓她就讀天主教私立女中。進入女校，讓Vivian更加確認從小被同性吸引的性傾向。國中三年期間，也是接觸信仰的啟蒙，透過午飯前的謝飯歌、望彌撒禮、復活節找彩蛋、預備聖誕節慶典等活動，Vivian和爸爸曾經讚美又咒罵的那位神有了連結，信仰的種子開始萌芽。

高中時Vivian到澳洲留學，在同學邀請下參加留學生團契。聚會幾個月後想要受洗，但同志身分卻讓她猶疑。國中時交往女友被媽媽發現，近一年時間出入都被監管，被要求在學校輔導室和修女懇談好幾次。媽媽甚至帶她到心理科看診，擔心是家庭背景才導致女兒出問題。

Vivian知道身為同志不是病，但她不想再經歷被討論、審視、投以異樣眼光的過程。有一次參加好友在海邊舉辦的受洗典禮，回程車上大家鼓勵她受洗，不知道哪來的勇氣，她問：「我是同志，這樣我還能受洗嗎？上帝還會愛我嗎？」氣氛瞬間凝結，大家一路沉默，竟沒有任何人再開口。

回到家後她非常沮喪，理智上知道他們不代表神，也能理解他們因不了解而恐懼，但仍不免覺得被拒絕、被拋棄了。她看到桌上的聖經，拿起來一翻，〈詩篇〉23章4－6節映入眼簾：

縱使走過陰森山谷，我也不怕災害；
因為你與我同在，你用杖領我，用棍護我。
在敵人面前，你為我擺設盛筵；你待我如上賓，斟滿我的杯。
你的恩惠慈愛終生不離我；我要永遠住在你的殿宇中。

Vivian深深地被觸動，經文的應許跟安慰在對靈魂深處說話，瞬間覺得有了依靠也充滿力量。這一次經歷，成為她往後遇到挫折挑戰時都會回想起的畫面，即便沒有再到教會，她始終相信上帝的保護同在。

點燃熱情的過程

二〇〇二年初，Vivian大學畢業後回台灣，認識了住家附近救援流浪貓超過二十五年的愛心媽媽。Vivian從小就對流浪動物有滿滿憐憫，知道有人這樣為流浪貓付出，覺得十分驚奇與感動，只要有空就會跟著一起去餵貓、誘捕需要就醫或結紮的貓兒。她不知道的是，上帝正在持續點燃她心中對動物的熱情。

幾個月後，對面巷內早餐店門口來了一隻流浪狗，Vivian每天去餵牠，把牠取名叫「不走」，心裡越來越喜歡牠；那年跨年夜下著大雨又濕又冷，Vivian捨不得不走無家可歸，決定順著心意帶牠回家。有了毛小孩，Vivian更加關注流浪動物議題，渴望看到牠們的處境得到改善。

奇妙的是，那晚她不僅收養了不走，也透過高中同學介紹，認識一群關心流浪動物的同志朋友。接下來幾年間，她們一起到收容所當義工、跟動保團體去擺攤、發起中途救援的社團、也參與下鄉巡迴結紮車的活動。

二〇〇七年，Vivian偶然看到經濟動物的紀錄片，詳細拍攝家禽家畜被圈養長大和宰殺的過程。最令她感到震驚的是，待宰的經濟動物眼中的驚恐與悲傷，跟自己關心救援的流浪動物的眼神並無差別，牠們會情感交流，能感受痛苦、無助和絕望，也知道正面臨死亡。Vivian不能無視已知的真相和事實，那天起她便決定不再吃動物。

在神的家確立呼召

當神在二〇一〇年九月那個深夜親自回應Vivian，讓她知道素食者仍可以過蒙祂喜悅、合祂心意的信仰生活，她知道是時候回到教會，重新和神建立關係。Vivian向在同光同志長老教會聚會的朋友詢問，對方卻建議她到真光福音教會，說這是一間「歡迎所有人的教會」，也許更適合。

Vivian在真光網站查到養育班即將開課，立刻寫信報名。幾天後，她緊張又期待的踏進真光，大家對於她第一次來就直接報名養育班覺得好奇，Vivian笑說：「我只想要趕快回到教會，浪費太多時間了、很多進度要追上！」

就這樣，Vivian回到神的家，教會活動她無一缺席，迫不及待把過去十幾年缺乏的信仰養分吸飽吸滿。真光歡迎所有人的異象，使她得以用神的眼光看自己，曾經被信仰群體否定的性傾向，在這有正確解譯聖經時代背景的教導，幫助她有確信能因著耶穌的救恩，配得天父無條件的愛與接納。她的素食選擇，也因真光明白會友來自不同背景、對不同領域懷有熱情的尊榮文化而被理解，過去不可能跨過的藩籬高牆，在上帝奇妙的帶領下跨越了。

神持續地動工，讓Vivian意識到與男友關係的不健康，勇敢提出分手。過去曾一起參與動保活動的朋友泡泡連繫上Vivian，原本生活毫無交集的兩人，經過一個多月更深認識後決定交往。那年十一月，Vivian終於如願受洗，泡泡雖是佛教徒，對基督教抱持懷疑態度，仍陪著Vivian在真光聚會。

二〇一一年復活節前的禱告殿裡，神透過同工對泡泡說出先知性話語，親自回應她對基督信仰的疑惑，使她放下長久的戒心，當晚決志信主，並在復活節主日受洗。兩人在同樣的信仰與價值觀下穩定交往，也委身在真光，至今已滿十二年。

在二〇一一年七月舉辦「得勝國際特會」前，懋禎牧師邀請會友大膽求神回應個人的呼召與禱告。其中一位特會講員是美國宣教士Linda，她和伴侶Carolyn在南非成立「彩虹生態農場與訓練中心」（Rainbow Eco-Farm & Training Center），提供當地貧窮學生就學機會，並投入野生動物保育救援工作。

透過Linda的分享與教導，Vivian終於明白自己對動物處境的關切不只是單純的同情心，而是源自上帝對創造物的愛與疼惜，祂興起並挑選有熱情的人與祂同工，讓神國度的美好可以再次運行在地上。在Linda的禱告服事過程中，Vivian被聖靈充滿，感受到神喜悅她對動物的負擔，清楚地呼召她：「Go save them（去拯救他們）！」回應Vivian在特會前禱告、渴望聽見的答案。

願祢的國降臨，願祢的旨意成全

Vivian說真光的特色之一是願意保持開放，嘗試了解不同社會公義議題，並以行動參與。過去十五年間，真光曾協助會友成立動物關懷協會，也到動物園為被囚禁在柵欄內失去自由、出現刻板行為的動物禱告；在復活節使用非籠飼雞蛋製作彩蛋；與台灣動物保護學院協辦由陳建仁前副總統主講的「從人畜共通傳染病省思人類與動物的關係」講座；在世界動物日拍攝影片、舉辦「動物森友會」講座，向會友介紹純素和動物福利／權利的概念；並組隊參與流浪動物義工服務。

真光也是動物友善空間，歡迎會友將視為家人的毛孩帶來聚會，願意為毛孩們代禱，而非拘泥在「動物是否有靈魂」的爭論裡。真光教導會友「做耶穌所做的」，就是愛神、愛人、好憐憫、行公義，不被傳統教義或經文所框架，持續在時代演化中作符合神心意的工作，相信人類身為世界的管理者，遵守公義與慈愛的誡命，就走進神豐盛的應許之地。

回首生命每一步都有神恩典帶領，Vivian充滿感激。十二年前的養育課程裡，當Vivian聽到真光的「整全宣教六面向」包含「關懷受造界」，就渴望自己的呼召與信仰連結，讓基督徒有機會了解動物與生態議題，明白神最初創造世界的心意，更謙卑地看待人與受造界的關係，因為上帝不僅跟人立約，也跟所有動物立約，得享上帝的祝福。

領受呼召後，她決定將服事教會的需要和信仰成長視為優先順序第一位，因為呼召不是一時激情，而是上帝信任的託付，唯有在屬靈遮蓋下被裝備和調整，才能成為與神同工的器皿，以神所賜為生靈與地土禱告的權柄，發揮更大的影響力。

第
2
部

醫治的神蹟

05

神蹟等於病得醫治嗎？

我聽見有大聲音從寶座上發出，說：「上帝的家在人間了！他要和人住在一起，而他們要作他的子民。上帝要親自與他們同在，要作他們的上帝。他要擦乾他們每一滴眼淚；不再有死亡，也沒有悲傷、哭泣，或痛苦。以往的事都已經過去了。」

——啟示錄21章3－4節

在主愛裡談星

二〇二二年九月四日下午，真光福音教會為資深同工林蕾歌——星仔——舉行感恩追思會。禮拜堂用星仔喜歡的淡藍色布置，播放著輕柔的敬拜詩歌。因為知道星仔希望追思會充滿喜樂，同工們都盡力忍著淚水，看著投影幕上的紀念影片，聊著記憶中的星仔，她的體貼細心、幽默詼諧，一起服事的經歷、相處的趣事，都歷歷在目。

懋禎牧師代表真光，感謝星仔十二年來忠心委身服事；敬拜團用幾首具紀念性的詩歌讚美神，緬懷星仔敬拜者的生命；教會肢體們分享星仔對他們的特殊意義。在過去三年間，全教會為著星仔能夠戰勝癌症齊心禱告，雖然對於她離世充滿著不捨，但在這一刻，大家沒有選擇用悲傷跟懊悔紀念她，因為只要是認識星仔的人，都無法不被她與生俱來的熱情與喜樂所感染，我們能懷念與尊榮她的方式之一，就是不因她在地上逝去的生命嘆息，而是延續她愛神的心，為她的生命述說見證。

藝文區擺放著星仔在真光各個時期的照片，姑姑看了說：「真羨慕教會的朋友，和她一起度過那麼多開心的時刻！」叔叔也欣慰拭淚，知道摯愛的姪女有一個信仰大家庭，無論是在地上或將來在天上，星仔都被滿滿的愛包圍。

原生家庭的遺憾

星仔是阿美族，在台北出生，因為父母感情不佳，還沒滿月就被奶奶帶回花蓮玉里扶養，直到三歲才回到三重與父母同住。四歲時因母親與父親吵架後帶著妹妹離家，她再次被帶回花蓮。父母親職角色在她生命中總是缺席，但叔叔如父、姑姑如母，奶奶無微不至的照顧，她得以在花蓮自由的環境長大，養成樂天開朗的個性。

「蕾歌從小就愛笑，沒有一張照片是哭的，全家人都很疼她，一起把她養大！」叔叔回憶著說。求學時期星仔成績名列前茅，生活起居都能自理，一點都不讓人擔心，是鄰里家長口中讚譽有加的孩子。

乖巧早熟的星仔，內心卻有著深刻的痛，覺得小時候被媽媽拋棄，與父親感情也不親，彷彿不是被父母疼愛、認可的「愛的結晶」。在念護校專二那年，她決定解開心結，放下心中芥蒂，主動成為促成和平的人。她找到失聯多年的母親和妹妹，與父親一起見面，希望重新建立關係。但父母短暫復合又再次分開，四個人仍舊疏遠，家庭不完整一直是她的遺憾。

原生家庭的狀態並沒有使星仔變得憤世嫉俗，反而讓她更加感謝奶奶的養育之恩，每年在父親節寫卡片給叔叔，也在每個重要日子跟姑姑道謝。因為擔心成為家族的負擔，星仔特別在意他人的感受，希望身邊的人都能夠開心，卻壓抑自己真實的情緒與需要。家人們都很清楚星仔的脾性，總是鼓勵並告訴她可以放心做自己想做的事，成為她最大的後盾與精神支柱。

找到屬靈的大家庭

奶奶篤信天主教，星仔從小就受洗，知道有慈愛的天父、溫柔的聖靈、救贖世人的耶穌與她同在。然而她總覺得天主教儀式枯燥冗長，也和許多從小就受洗的孩子一樣，在成長過程中尋找信仰的歸屬感。當她漸漸發現自己的同志身分，也再一次面臨需要被認同的議題。

二〇〇九年的聖誕夜，真光舉辦了「聖誕醫治預言禱告會」，這是星仔第一次來到真光。歡迎她的是當時還是招待同工的Elisha牧師。她表示自己是天主教徒，因為同志身分不被接納，在網路上搜尋找到歡迎所有人的教會，想要來看看。當晚在詩歌敬拜與見證分享中，星仔被神的愛所感動。晚會最後Elisha牧師為她做先知預言禱告時，在異象裡看見星仔和耶穌站在一棟大房子前，耶穌伸手打開大門，並轉身擁抱她說：「歡迎回家！」她終於找到信仰的歸屬，回到屬靈的家，踏實又平安。

星仔決定穩定在真光聚會、參加小組，與教會家人們建立關係，也積極參與福音和倡議行動。與教會弟兄姊妹的互動與扶持，彌補了星仔與原生家庭疏離的遺憾，也面對內心深處「被遺棄」的恐懼，讓神成為愛的源頭，學習處理人際關係上的焦慮與衝突。

當叔叔知道星仔在這樣「特殊」的教會聚會，十分不能諒解，更無法接受她的性向，兩人將近兩年都沒有互動。但是當星仔堅持在真光聚會，叔叔看見真光核心價值與基督信仰帶來她個性上的轉變，過去總是討好他人，現在變得自在且快樂，也漸漸釋懷，甚至主動開始了解同志議題，最後因著愛女兒的心，接納了星仔的身分。

星仔總是以行動表達對教會的重視。她主動打掃環境、收垃圾，把教會當成自己的家一樣愛惜，是真光第一任清潔特攻隊的隊長，謙卑地以看似微小的服事，表達她對上帝的感恩、對真光的珍惜。

二〇一二年中，真光敬拜團第一任鼓手離開，有很長一段時間沒有鼓手服事。星仔詢問團長Dennis是否能夠加入敬拜團，雖然現在還不會打鼓，但已找好老師學鼓。接下來幾個月星仔盡全力學習，戰戰兢兢地進入敬拜團服事。她那單純渴慕、不求個人表現且願意擺上的心，總能與樂手們同心合一，跟緊領唱、一起將天堂的敬拜帶下。沒有花俏或純熟的技巧，每一次上場都是考驗，但更能看到星仔願意突破害怕出錯、丟臉的心魔，對焦在神、用鼓聲高舉神。

倚靠上帝，成為神蹟的器皿

星仔的工作是護理師，工作量大又需要輪班，作息和用餐時間長期不固定，先是甲狀腺亢進，後來也確診糖尿病，體力大不如前，敬拜團練習前常會累得在禱告室昏睡，或因為頭痛、過勞而睡過頭錯過聚會。二〇一九年八月十號晚上七點十五分，星仔在睡夢中癲癇發作，經過一連串的檢查後，確定為腦部惡性星狀細胞瘤，這年她三十五歲。

星仔很快就接受了自己的病況，從沒有一次埋怨過神或命運。當醫生建議開刀清除腫瘤，但未來有可能再增生時，她選擇積極的治療，除了有家人和伴侶全力的支持，更是因為親身經歷過神奇妙的醫治，使她的腳傷快速恢復，她深信神必掌權。叔叔回想星仔開完刀後，為了不讓家人擔心，從來沒有喊過一聲痛，端給她的飯菜都會乖乖吃完，讓每個來探病的親友都帶著笑容放心離開。若不是因為心中有確信與平安，很難想像一個病人如何能有這麼大的正能量，始終為他人著想。

抗癌過程是辛苦的，檢查結果時好時壞，化療藥的副作用讓星仔無法工作，但只要不在化療期間、身體可以負荷時，她仍參與敬拜團的服事，也穩定的參加小組。她沒有選擇負面看待自己的病況，而是用行動持續與教會連結、與屬靈家人在一起，因為她相信代禱的力量，也對神的作為有盼望。

因著星仔緊抓住神，聖靈持續在她的生命動工，賜給她新的眼光與力量。她了解到自己雖然渴望與父母恢復關係，但因為沒有真的饒恕與信任，在低潮時仍不免糾結於小時候被錯待的過去，無法真的建立親密的感情。當她決定不再論斷父母的不足，而是試著理解、也定意為他們禱告時，就放下重擔，感到上帝憐憫的心也一樣愛著父母親。在一次家族聚餐裡，星仔主動擁抱了木訥不擅表達的父親，告訴他自己很愛他，竟神奇地完全放下了過去的不滿與恨意。

二〇二一年初，當星仔得知母親也罹癌，除了求神醫治，也為她的靈魂能得救禱告。母親臨終前最後一次對話裡，終於聽到母親親口說，從沒有想要拋下她，而是當時衝動與慌亂中做了不成熟的決定。星仔多年來的委屈被天父憐憫的心腸所取代，她明白人是軟弱的，自己也是一樣。當星仔對神心意順服，神就賜下屬天的能力，幫助她饒恕、與父母和解，從苦毒中得到釋放，靈裡完全得自由。

指向上帝的星星

二〇二二年五月起，星仔病程開始惡化，她選擇簽署安寧緩和醫療意願書，回到花蓮玉里老家，停止積極治療，不想再因急診進出醫院，也不願家人為了照顧她而辛勞。因為腦部腫瘤壓迫到神經，星仔雙眼無法對焦，咀嚼功能也受影響，身體越來越瘦弱，只能長時間臥床。但只要有親友去探視她，她總會努力互動，多吃一口食物讓人放心。

二〇二二年八月十號晚上七點十五分，星仔回到天家。從發病到離世整整三年間，她讓人看到基督徒對永生的盼望，而不是對死亡的恐懼，即便在急診室裡，她仍大聲唱：「讚美主！哈里路亞！」將榮耀歸給上帝。她愛神的心沒有被病痛磨滅，反而透過持續對人付出關懷與愛，彰顯出神良善慈愛的形象。因為深信神同在，她活出神兒女的無懼，短短近三十八年的生命，有著極大的影響力，她的溫暖熱情提醒著我們愛要及時；無論順境逆境，都能感恩讚美神而喜樂。

星仔曾在二〇一七年的主日禮拜做過醫治見證：「想要上帝的醫治，首要就是相信上帝會醫治你！相信不會因為感覺而出現、消失，相信是依靠耶穌為我們死而復活、上帝愛我們的事實而存在，只要持續相信天父的愛，其實神蹟就在你身旁！」

對世人來說，死亡是沒有戰勝疾病的失敗，但星仔的獎賞與冠冕已在天上，活在耶穌基督裡，在天父的家中得享福樂。她的生命是蒙神喜悅寶貴的見證，因為真心堅定的信心，就是神蹟。

那麼，信心是什麼呢？信心是對所盼望的事有把握，對不能看見的事能肯定。

——希伯來書11章1節

06

走出精神陰霾，展翅高飛

但那些仰望耶和華的人，必重新得力；他們必像鷹一樣展翅上騰；他們奔跑，也不困倦，他們行走，也不疲乏。

——以賽亞書40章31節

初信：決志

生病與康復與否，往往與一個人的社會、經濟資源有關。教會的會友，同時也是本屆教會協會理事長的陳鈺欣，曾經罹患精神疾病「思覺失調症」，透過他的見證讓我們見到，倚靠信仰、倚靠神，憑藉社會資源康復的歷程。

二〇〇八年十月八號，真光福音教會授予了一張受洗證書。這是陳鈺欣踏出精神病院後，寫在行事曆上的第一件事。

彷彿思索著記憶，鈺欣伸出食指抵著鏡框說：「這是一個轉捩點，標記著我從此願意謙卑，成為耶穌基督的門徒。但是我記憶中的二〇〇八年並不好過：思覺失調病發兩年、被警察發現強制送醫，病發過程裡我失去了身邊可以緊抓住的一切。住院一個月治療，張牧師與同工們來探望我，問我願不願意做決志的禱告。我並不確切知道那是什麼，但順從地接受了。接下來就是出院以後第一個行程：受洗。」

出院的鈺欣，在家人的陪同下重新出發，許多生活物件被病中的他丟棄殆盡，得重新買回來。物件是可以買的，但學歷成就、工作能力、認知功能，乃至情感關係，要怎麼重新獲得呢？

發病：從雲端墜落的天使

思覺失調是大腦的疾病，嚴重傷及語言功能，講話的時候句子破碎。在交通大學文化研究所碩士班修業的第三年，鈺欣發病了，典型的病徵是妄想：他無時不刻都覺得國安局在監視他，報紙上的報導、書本裡的訊息，都顯示著一件只有他知道的國家機密。

這個狀態維持了兩年，但因為外宿在新竹，沒有家人朋友可以將他送醫。直到學期結束，鈺欣搬回台中，在妄想中打電話報警，才被警察發現他胡言亂語，精神狀態不穩定，請到警察局等父母領回。當晚，家人立刻送他就醫，診斷為思覺失調，住了一個月的醫院。

初出院時，鈺欣動作緩慢，跟人聊天常跟不上，更不用提及文字書寫表達。對一個平素思慮敏捷、深受人文學科訓練的人來說，這真是一大挫折。發病前的鈺欣，在二〇〇三年中央大學舉辦的一場跨性別研討會上，頂著帥氣的短髮、戴著斯文的眼鏡，穿著學院風的襯衫，英姿颯颯發表論文，但發病之後，自信全失，意氣風發不再，整個人像洩了氣的氣球。

專業是文學的鈺欣，素來可以寫長文，流利且嫻熟地使用中文表達抽象概念，但發病之後，大腦不正常地放電，乃至大腦語言區受損，光是要表達自己的感受都成了困難，何況是寫文章呢？

專業介入與信仰生活

在專業介入的過程裡，很多時候病人的問題都在於：「還要多久？！」是的，多久？醫生沒有把握罹患思覺失調疾病的人能夠恢復多少程度、多久時間可以恢復。心理師適時地介入，為生病沮喪的鈺欣提供支持。人無法回答「還要多久」這個問題，眼前道路一片迷茫之時，只有上教會、問神了。

媽媽和姊姊雖然不在信仰生活中，但非常支持鈺欣上教會。週四禱告、週五小組、週日主日，就這麼三天都去。可能只能夠幫忙準備招待新朋友的茶水，或者在小組分享時聆聽，還不太會禱告，跟著敬拜的詩歌搖擺。一年、兩年、三年、五年，乃至十年、十五年……從原本的打發時間，直到信仰成為他生命的核心，這當中的轉變，還是在於「時間」。

「某一天去看精神科醫生，醫生對我說我的支持系統很強壯。」那是開始上教會、認識信仰大約一兩年後，當時專業的介入有精神科醫師、心理師，信仰生活則有教會，心靈上的寄託有家人跟神。

信仰逐漸成為鈺欣生命的核心，首先是耶穌基督的愛，因祂受鞭傷，而我們得醫治。鈺欣自陳，每每想及這奧秘，就覺得內心震動不已。接著是教會的教導，讓他知道什麼是該行的，什麼是不該行的。「不再是我，乃是基督。」保羅說從前他是一個驕傲的羅馬人，而且還迫害基督徒，但如今保羅不但悔過，而且在他裡面活著的，乃是效法耶穌基督的精神。

「我一生都要當一個運動員！」

儘管遭遇疾病，鈺欣生命底層的基石是耶穌基督，是他不服輸的運動員精神。他認真地重新定義，所謂運動員指的不是游泳、打球、比賽……等等，而是期勉自己一生都要保持運動員的態度，熱情地投身自己所選擇的生涯、為一個特有的價值奉獻燃燒自己的生命。

問起鈺欣怎麼從思覺失調恢復到與常人一般的工作、生活，他睜大了眼睛，炯炯有神地說：「我選擇了要活、要工作，而不是死、不是失業。」相較於其他病友選擇了死，或是選擇了無業；鈺欣則是不要任何藉口地活下去，在懼怕憂慮時，緊抓住上帝地禱告。他也時常請求牧師的諮詢與談話，這些愛都是資源，湧流進他的生命中。

在談話中，鈺欣回憶起曾經看過一個台灣運動員的紀錄片，片中討論的種種運動員精神、訓練，相當激勵他。運動員的生涯是有期限的，也就是所謂的達到巔峰與轉型，關於「時間」的主題再次出現，這似乎是鈺欣永恆關切的主題：多久?!他咧開嘴大笑著說：「沒錯，當我聽到紀錄片裡面，運動員被導演問你覺得你還可以打幾年，我就心裡一驚，想到自己。」

作為一個運動員，這個問題的回答，取決於相當現實的因素，與相對的努力付出。而鈺欣人生失而復得的特色，也表現在他異於常人的「珍惜」上。書店工作以來，緊緊把握住機會，儘管相對於當時同儕，它顯得卑微，薪水也微薄。但每一天都踏踏實實地整理書籍、分類、上架，做好進銷存退的每一項職責。這應該也是為什麼當書店老闆要縮編時，鈺欣是最後留下來的員工。「至今仍然非常感謝這家書店，它給予我恢復的場所與時間，在這些工作中訓練了我的功能。」

獻身，展翅，翺翔

去投身（devoted to）一個比自己更大更抽象的價值，為了這個目標而努力奮鬥、燃燒，甚或在過程中獲得榮耀。鈺欣提起紀錄片中的榮耀時刻，讓他銘刻在心。曾經獲得溫布頓冠軍的教練下了很好的注解：「你不只是一天溫網的冠軍，你是一生的冠軍。我了解這個時刻將伴隨著她的餘生……不論她走到哪裡，不論在哪裡被介紹，不論她做什麼，她將會是溫網冠軍。」這樣以外在成就肯定自己，也是一向成績表現優異的鈺欣三十歲以前的人生，但他不因此自滿，反而進一步人文反思，突破自己的盲點。

他說出了基督徒都知道的一件事——忘記背後，努力向前，朝著標竿直跑。他說：「慢慢地我能夠知道『起風了』，在這些等候之中，我要揚起雙翅，展翅飛翔。因為我的恢復已經差不多，我要如鷹展翅上騰。我主動離開了長達五年的書店工作，應徵一家出版集團的行政專員。神是賜福的上帝，而且祂從來不會給予我負擔不來的重擔。我從一無所有，走到現在，擁有這許多，都來自神的憐憫與恩典。就在我專注於自己的恢復時，原本照顧我的父母也老邁，姐姐跟我分攤了照顧的工作，一切都有其時節。上帝的計畫高過我的計畫，上帝的道路高過我的道路。」

羅病十五年後的鈺欣，如今在全國最大出版集團工作，無論是對工作的熱忱、外在成就，幾乎看不出來曾經生過大病，也是真光福音教會會友中，穩定奉獻的成員。他強調謙卑，認為一切的供應來自於神的恩典，甚至一再強調是自己的資源比較好，而不是他的紀律、努力達成康復。如今的他，讓人彷彿看到老鷹在空中迎風展翅，翱翔。

07
神的醫治不是「矯正」

這些事你們為我的跟從者中最微小的一人做，就是為我做了。
——馬太福音25章40節

到我這裡來

每個人相信神的故事本身都是一個神蹟。真光同工Sofia就讀大學時期積極參與校園同志運動，他回憶自己以前對於基督徒的印象是「口裡說神愛世人，實際作為卻展現恐同與仇恨，甚至在二〇一八年婚姻平權公投過程激起對立、撕裂台灣社會，造成很多人對基督教的反感」。即使他知道不是所有基督徒都反同，還曾在聽聞同志基督徒朋友佩佩離開反同教會的經歷時，鼓勵佩佩尋找性別友善教會，但始終覺得自己跟基督教不會有任何關聯。

後來佩佩打聽到真光福音教會，想去看看又有些害怕，邀請他陪同壯膽，Sofia抱著「只是陪朋友來一次，以後應該不會再來」的心態，第一次踏進真光。沒想到，那次的主日講道打動了當時因為人際困境而心情低落的Sofia，讓他反思自己心中築起高牆、與人隔絕的生命景況。

那天之後，佩佩開始與他分享如何禱告、讀經、靈修，而他嘗試之後發現，禱告能使自己的情緒波動立刻轉為平靜，讀經與靈修能使自己的思緒變得清明而常有頓悟和洞見。Sofia像是發現新大陸一般，開始想要對基督信仰有更多認識，也開始每週參加真光的主日禮拜，連邀請他來真光的佩佩都覺得實在太不可思議了！

隨著對基督信仰的認識增加，也聽到更多真光人分享自己聽到神說話、與上帝討論各種事情的經歷，正在思索人生方向的Sofia也開始渴望自己能聽到神說話、對未來有更清楚的方向。他聽說每個禮拜四晚上的「Heaven Come敬拜禱告殿」跟主日禮拜不太一樣，牧師有時候會有先知性的預言服事，Sofia於是向神祈求能在禱告殿聽見祂透過牧師對自己說話，接著就鼓起勇氣第一次參加禱告殿。

那次的禱告殿適逢二二八紀念日，大家點著蠟燭為人權禱告的感覺非常溫暖有力量，他深受感動，完全把自己事前的禱告拋在腦後。

「孩子，休息一下吧！」

過了幾週的禱告殿，Sofia正在為疼痛的肩膀以及徬徨的生命狀態禱告，求上帝讓他「重生」，當「重生」這兩個字出現在腦海，他突然覺得原本對於受洗的擔心都不再重要；他真實經歷到上帝各種奇妙的作為，就足夠了。也就是在那個晚上，Elisha牧師領受到上帝要對Sofia說：「孩子，我喜愛你擁有一顆像小孩一樣單純的心。正如聖經中耶穌說：『讓小孩子到我這裡來，不要禁止他們；因為在天國的，正是這樣的人。』（馬太福音19章14節）因此，當你單純向我，來到我面前，傾吐你的心，你尋找我，我就必讓你找到！」

更讓Sofia感動的是，牧師在異象中看到：「我在爬一個很長的梯子，神情有些倉促，不斷往上爬，甚至沒有往下望爬了多少，但我有些疲憊，步伐開始緩慢，這時耶穌伸出了祂的手，當我的手碰到祂的時候，梯子的周圍突然長出好大的網子，往各個方向看，都看不出來網子的盡頭在哪，就像巨大的吊床一樣。耶穌牽著我走到網子上說：『孩子，休息一下吧！』我們都躺了下來，我和耶穌翹著腿，開心地在聊天！」

Sofia深深覺得，這個異象中倉促往上爬的部分很像自己前半生的寫照，為了得到父母與社會的認可而用功讀書、努力工作，但無論取得什麼學歷或職位收入仍覺得內心非常空虛、感受不到人生的意義。而這個異象中遇到耶穌之後的部分就很像當時的自己，在上帝永無止境的環繞中能真正的慢下來休息、享受內心與神親密共處的平安與喜樂。

Sofia感動到流淚，因為當時自己離職調養身心與尋覓未來方向的決定不被家人支持，但上帝的慈愛是如此浩瀚無垠，他感覺自己可以放下讓家人失望的罪惡感以及不事生產的自我控訴，單純地用神的眼光來接納自己。

就在那個夜晚的滿滿感動下，Sofia決定受洗。決定之後，他感覺到上帝問他：「你愛我嗎？」正如同耶穌三次問彼得：「你愛我嗎？」他回顧自己的前半生，意識到有好幾次神都在精準的時間點把他帶到對的地方發揮他的價值、成為他人的幫助，即使那些時候的自己都還不認識上帝。他很清楚知道上帝要使用他，於是在復活節受洗之後，就開始在真光服事，持續經歷與見證更多醫治與神蹟。

在曠野開道路的神

回顧來到真光後的生命，Sofia覺得在職場的領域經歷神極大的動工與翻轉。他還記得自己求職的歷程中，神透過懋禛牧師傳遞鼓勵的話語，後來投出第一封履歷就得到面試機會，面試當天還在辦公室遇見舊識，錄取後這位舊識就成為職場中的貴人之一。

此後每次職場上的變動，Sofia總會遇到貴人相助，感覺上帝一直為他開路。他比較自己認識上帝前後的差異，以前的自己認為工作就是把事做好、不想花時間在職場的人際關係，很多時候都只靠自己的力量埋頭苦幹，而在真光與神、與人建立關係後的Sofia，開始體會團隊合作的意義，發現原來一群人同心合力完成一件事是很美好、令人開心的。

更讓Sofia充滿感恩的是，身為多元性別者、對於多元性別族群與議題有使命感的自己，竟然能在上帝一步一步開路之下，成為服務多元性別族群的社工員！Sofia還記得自己曾在教會「基督徒生命和侍奉學習進程」的三〇一課程作業中，寫下神透過他的經驗呼召他「為多元性別族群進行相關知識、論述的建立與交流」，沒想到幾年後他成為社工員的第一個團隊合作計畫，就是撰寫多元性別服務工作手冊，自己的外語能力剛好補足團隊所需，將國外與多元性別服務相關的觀點分享給國內的助人工作者。走過這歷程的Sofia，知道神再一次在對的時間把他帶到對的地方發揮他的價值，深信這是他一步一步跟著上帝同行才能到達的地方。

在社工生涯的個案服務中，Sofia也常見證到神醫治的神蹟。他服務的個案多數經歷過家暴、性侵害或霸凌等性別暴力，又因著多元性別身分害怕出櫃而不敢求助，或在過往求助經驗中因為服務人員的不理解或惡意受到二度傷害，長期的社會排除與心理壓力造成身心狀態不太穩定。Sofia透過會談了解個案的困境與身心狀態後，會為每位個案禱告求醫治，曾經見證個案在很短的期間內從頻繁自殺住院到穩定就學，他為此深深感謝神的動工與醫治。

認同，就帶來醫治

不只是在職場上，Sofia也在真光看見神的慈愛如何拯救各式各樣的人，包括離開反同教會的同志基督徒、在其他信仰群體不被接納的跨性別者、在社會上經常承受汙名與歧視的單親家長、精神疾病病人、藥癮者、HIV帶原者等等。這些人來到真光之前，可能被原教會牧者否定他們配得上帝的愛、排除他們參與服事，甚至以上帝醫治之名「矯正」他們的性別或性傾向；或是因為被社會歧視的身分而根本不敢走進教會。

而真光福音教會，正像是聖經對耶穌基督的形容：「那光是真光，照亮一切生在世上的人，來到世上照亮全人類。」（約翰福音1章9節）因著上帝愛所有人，真光效法耶穌基督歡迎所有人。在真光，「歡迎所有人」不是一個口號，是真實用行動、言語與心態去實踐出來的神學觀與價值信念，即使身為有限的人在實踐的過程難免遇到困難與挑戰，但多年來都是依靠著上帝的無限慈愛與恩典來突破藩籬。

歡迎所有人的真光，不只是在教會生活中接納每個人真實的樣貌，更積極參與或辦理各式各樣的平權活動。對於在其他教會或社會上被貶低或排除的人來說，真實的自己被信仰群體接納、跟著真光一起參與平權活動，是生平第一次真正感受到力量。

而這個感受到力量的充權（Empowerment）經驗，經常帶動生命更全面的翻轉，例如：開始勇敢穿著打扮成自己喜愛的樣子出門、開始有堅定力量脫離藥毒癮的轄制而得到真正的自由、開始鼓起勇氣去與原生家庭修復關係、開始相信自己值得被愛而離開受暴處境、開始感受到自己一個人也有力量撫養孩子、開始願意敞開自己與神與人建立真實而親密的關係、開始勇於踏出舒適圈嘗試具有挑戰性的職務等等。

在真光，上帝的醫治並不是把祂親愛的孩子「矯正」成這個社會所期待的標準樣貌，而是帶領每個祂所創造的孩子用祂的眼光看待自己，能看見上帝創造自己的美好計畫，因而能勇敢回應上帝的呼召、擁抱命定。

真光相信上帝創造一個多元的美好世界，因此真光效法耶穌基督，牧養上帝以慈愛親手創造的多元生命。無論這些多元的生命在世人的眼光是如何、在社會的處境是多麼邊緣或弱勢，真光都與上帝一起愛祂的孩子。

正如同耶穌基督所教導的：「這些事你們為我的跟從者中最微小的一人做，就是為我做了。」（馬太福音25章40節）當真光接納與牧養各種在世上被貶低的、被汙名化的、被歧視的、被不公義對待的、「最微小的」人，就是在為上帝做工，就是在與上帝同工、行醫治釋放生命的神蹟！

08

療癒童年的創傷

耶穌說：「讓小孩子到我這裡來，不要阻止他們，因為天國的子民正是像他們這樣的人。」

——馬太福音19章14節

充滿限制的童年

「唉，又是難熬的暑假。」對聖佩來說，暑假就是必須長時間待在家痛苦的開始。聖佩的童年是在家裡開的安親班長大，若沒有符合爸媽的規定，爸媽就會當著其他孩子的面前處罰她。這也造成了聖佩學會在家裝乖，但在學校非常調皮的個性。

或許是出於想保護孩子的心，聖佩母親限制了她與同學的來往。此外，母親也將聖佩的每日計畫表規劃得很滿，讓她幾乎不用思考，只需要按表操課生活著。中學時期，聖佩因著在家不被理解一度想不開，覺得自己是沒有價值的，找不到活著的意義。但當時總有一個聲音告訴她：「妳要活下來，這世界上有許多孩子在等著妳長大。」於是，聖佩在心裡立下當老師的心願：期許自己可以用生命故事陪伴有相同童年經歷的孩子們。

走在實踐教師夢想路上的聖佩，想起家庭痛苦的回憶，還是讓她逃得遠遠的，從花蓮到台中，再來到彰化，歷經八年的時光，聖佩回家期間從不超過一週，她覺得這樣的距離很舒服，但心裡總有一些洞沒有被填補。

逃離家的日子

聖佩是在大二時期認識耶穌，當時歷經了前段情感的破裂。剛好班上同學的邀請，決定到教會看看。

對於過去是佛教徒的聖佩來說，剛開始進到教會，覺得所有的人過度熱情，且瘋狂熱衷敬拜。這樣的場景並沒有嚇跑聖佩，反而出於好奇，留下來觀察了幾個月。直到一次敬拜的時候，聖佩竟哭得淅瀝嘩啦，不僅是神安慰她逝去的情感以外，更感覺一股從未經驗過強烈的愛，那是她童年時期所渴望從父母身上得到的愛。也因此，聖佩開始嘗試禱告，並且也經歷生命的更新與突破。

過去幾乎不跟父母聊內心話的聖佩，因著耶穌的愛，決心打開心胸，練習撫平過去母親對她造成的傷害，重新練習與母親相處，兩人的關係確實修復一些。但只要距離太近，難免起爭執，這也讓聖佩選擇繼續在異鄉生活，並未回台北居住。後來，因為當時教會牧者發現聖佩同志身分的關係，不僅暫停了聖佩的服事，且試圖想要趕走她身上「同志的靈」。聖佩歷經一番掙扎，迫於無奈選擇離開她所愛的教會，且決心不回教會。

遇見真光，搬回台北

不去聚會的日子裡，每當聖佩想起身分被拒絕的時刻，仍對基督教感到有些陰影。但出於感受到上帝的愛，聖佩持續傳福音給「異性戀」。直到三年後，她透過《牧者》紀錄片認識一位朋友，推薦真光福音教會給聖佩。

聖佩抱著「竟然有教會接受同志」的好奇心，邀請好友Sofia陪她「壯膽」去到真光。那天當她聽到牧師說：「我們仍要尊榮反同教會，因為他們在世界上也做許多對世界有意義的事，幫助了許多生命。」聖佩內心非常激動，她知道這是她期待的教會異象，也在真光感受到神愛每一個人，且願意使用同志。原來神始終不曾離開過她，也下定決心搬回台北，到真光聚會。

當時真光兒童陪伴團隊正在轉型，需要重整人力，已經在學校擔任老師的聖佩知道自己有跟孩子相處的恩賜，便加入兒童陪伴團隊，也自願擔任隊長。但在兒童陪伴團隊的初期，聖佩歷經極大衝擊與挑戰。過去，聖佩曾參與不同教會的兒童服事。每週主日，孩子們跟著父母到教會參加禮拜，他們被要求乖乖地在位置上吃早餐。等所有小朋友到齊後，同工們會帶領大家做暖身操，接著是不免俗一般教會都有的兒童主日學橋段——讓孩子背誦聖經經文。孩子們集體反覆朗誦著不同經文，背不起來的孩子也會因此被留下背誦。

真光的孩子是自由的

讓聖佩意外的是，真光的兒童陪伴團隊跟她經歷過的兒童主日學完全不一樣！牧師在開會時，不僅鼓勵團隊成員依照個人的興趣、特質來設計兒童陪伴活動，並給予隊長聖佩很大的空間跟彈性，更告訴兒童陪伴團隊：「雖然我們是一間教會，但孩子仍有自己選擇信仰的權利。我們不以讓他們信仰上帝為目的，而是以陪伴他們為目的，讓孩子們可以自由做自己。」

對於成長歷程中一直很需要規範的聖佩來說，這真是一大挑戰。不論是因著過去在教會服事兒童的經驗或是童年成長經歷，對於放手讓孩子做選擇這件事，她仍有些放不下。「孩子們失控起來的狀態，會不會吵到樓下聚會的大人呀？」、「孩子做錯事的時候，不需要打罵嗎？」、「不用規定他們做什麼，他們會願意做什麼嗎？」一些疑問在聖佩心頭不斷地浮現。

面臨挑戰的聖佩想起「我們愛，因為上帝先愛了我們」（約翰一書4章19節），因為她真實體驗到上帝愛她本來的樣子、讓她自由做自己，她也就練習用同樣的方式來對待孩子。每次她與團隊同工帶領活動時，一定會先詢問孩子們的意願。孩子們時而玩在一起，時而自己在一旁靜靜地閱讀，或請同工們唸故事給他們聽。在服事過程中，聖佩發現當決定權回到孩子手中，孩子們更能夠開心地做自己想做的事，來教會聚會並不會成為他們的壓力。

在教會的服事也讓聖佩重新思考自己身為中學老師的教學。真光同工們教導孩子的時候，使用大人的語言，練習把他們當作可以獨立思考的大人，帶領他們認識情緒、覺察個人需求，並且規劃自己想做的事。

某次主日陪伴孩子的過程中，聖佩驚覺，自己既然能夠對三到六歲的孩子用溫柔的方式，引導他們覺察，為何在學校還須像傳統師長那樣「吼」已經可以獨立思考的中學生呢？用「凶」學生的方式要求他們改變，一時可以有行為上的修正，但動機不一定能夠被調整。後來，也因為聖佩這樣的轉變，讓師生關係變得更好了，也在學校經歷不少神奇的轉變。

服事兒童修補童年傷痕

每次在兒童陪伴團隊跟小朋友相處的過程裡，聖佩感覺像在對童年的自己說話，用當年她渴望被母親愛的方式與小朋友對話，並且嘗試理解每個孩子的獨特性。「我好像心裡得到不少舒緩，那些童年的陰影，因著微微的光逐漸散去。」她微笑看著孩子們說道。

不僅如此，她從真光的媽媽爸爸們身上，也體認爸媽從前如何看自己長大，或許也同樣是那樣充滿愛、呵護著自己。突然間，彷彿一道光照耀下來，聖佩瞬間理解：「爸媽過去用什麼方式愛我，不見得是最正確或最好的方式，但是他們仍然出於愛，而我現在更有能力，也更健康，應該要試著用上帝的眼光理解他們。」也因此，當時正與母親冷戰的聖佩決定去找諮商師，同時請教會家人為她與母親的關係代禱。

在諮商師的引導下，聖佩練習說出自己的感受，也學習建立健康的界線。但想到母親過去所做的事，還是讓聖佩覺得很受傷。某次禱告殿，聖佩突然感受到神對她母親的愛，感受到過去那些母親也受傷的時刻。突然間，聖佩好想擁抱母親，想與她修復關係。

於是聖佩主動跟諮商師表達，願意練習告訴母親自己的心情，並且從原本只願意透過寫信的方式，轉為決定要與母親當面溝通。諮商師也驚訝聖佩進步飛快，她提到：是聖佩想要改變的動機很足夠，但不是每個人都可以這樣有信心去執行，在關係修復中，反反覆覆的狀態反而是常態。因著諮商師的陪伴與信仰的力量，讓聖佩有足夠的勇氣去面對與媽媽的關係。

採取行動與母親修復關係的那一天，聖佩帶著教會家人的代禱，與自己忐忑的心赴約。結果那天與母親的對話不僅非常順利，還充滿神的愛。母親也告訴聖佩：過去因著把聖佩當小孩子，所以偶爾會越線，不小心就關心過頭了；聖佩也跟母親表示：希望可以揮別過去爭執的關係，從現在開始彼此打開心聽對方說話。

重回上帝家中的聖佩，仰望天際，想起受傷的孩提時期，再到現在她牽起孩子們的手，滿懷感恩地說：「感謝上帝，在我生命中帶給我力量與愛，即使過去的我並不認識祂，但我知道這一路以來，上帝是這樣陪伴我長大，在我生命中的每個時刻，讓我知道祂一直都在，祂對我的愛永遠是那麼充足。」童年那個受傷的她，被輕柔地捧在上帝的手心，而祂一直都在。

第
3
部

家庭的神蹟

09 從瀕臨破裂到合一喜樂

在人，這是不能的，在神，凡事都能。

——馬太福音19章26節

在神的感召下挽救婚姻

Ben和Grace這對夫妻來到真光福音教會之前，相識相愛超過十五年的關係一度面臨破碎。

兩人在接近三十歲時認定對方為一輩子的心靈伴侶，相約一起出國追求夢想。怎知夢想之路竟是處處艱難。事業心重的兩人為了尋求理想的工作，在課業、育兒和事業的衝突之下，一個小小的三人家庭，甚至曾經有半年分別住在三個不同的國家。兩人平日的越洋通話和週末的視訊，充滿了怨懟和爭吵，總是互相指責對方不願放下工作上的一切，前往對方的國度一起生活：「為什麼是我要犧牲，不是你？」在氣憤地互掛對方電話之後，仍是怒氣難消。

在家庭瀕臨崩解之際，在海外工作的Ben受同事之邀，參加了當地的教會主日。在那他被神深深的觸動，幾個禮拜之後受洗成為基督徒。當Ben興奮地與Grace分享已經受洗的喜樂時，沒想到兩人因為Ben「事先沒有討論受洗這個決定」，竟又爭吵了一番。

失望之餘，Ben與牧師諮詢，牧師鼓勵他禱告尋求神的帶領。禱告之後，Ben竟以完全不一樣的目光重新看待多年來堅持在海外的工作，清楚感受到上帝的引領：「該回家了！」

終於找到屬靈的家

當Ben揮別海外職涯、放棄大好前程回到台灣，這時恰好是台灣基督教團體正反對婚姻平權的勢頭上。二〇一一年左右，Grace開始關心婚姻平權之發展。在當時，大多數婚姻平權運動支持者所認知的基督徒，都是「另一邊」陣營的人，基督徒幾乎和反同劃上等號。在這樣的大環境之下，這個在一般異性戀婚姻可能不是衝突的問題，對於他們正在修復的關係反成為一種隱憂。若要加入那些教會，不要說Grace必然反對，Ben自己也無法接受。

Grace當時仍不是基督徒，對多數教會的反同立場帶有強烈的反感；但作為太太，看著Ben每日殷勤禱告，聖經不離身，仍覺得要幫助Ben找到屬靈的家。事實上，Ben在國外的教會非常多元包容，但回國後卻苦於找不到可以穩定禮拜的教會。二〇一三年，在某個會議中Grace第一次見到張懋禎牧師，當懋禎牧師介紹真光福音教會是「歡迎所有人的教會」時，Grace決定介紹Ben去看看。

二〇一四年，Grace在網頁找到了真光當時在台大集思會議中心的聚會時間地點，送Ben前往主日禮拜之後，不打算信主的Grace和女兒就離開了。主日禮拜一結束，逛完街的Grace和女兒卻看見Ben正抱著牧師，一把眼淚一把鼻涕哭泣不已。一旁圍著的真光會友們，看著痛哭的中年大叔一旁站著一對妻女，也許心裡想著「又來了一個中年的深櫃男同」，但Grace和Ben明白，在海外遊歷一圈的Ben，心靈終於安歇穩定下來，至此「終於回家了」。

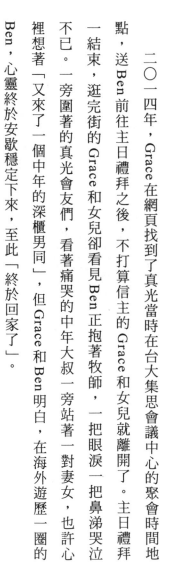

蒙福的奇妙神蹟

就在上帝奇妙的帶領之下，Ben和Grace這個家庭來到了真光，經歷上帝滿滿的恩典。第一個奇妙恩典，是Grace的受洗。作為一個理性批判的學者及性別平權運動者，在正值與反同宗教團體打仗的不利環境之下，Grace對於上帝是高度質疑的。那種鐵齒反骨的程度，套一句Ben的話來形容：Grace會成為基督徒本身就是神蹟的展現。

一開始，對於Ben加入真光福音教會，Grace是帶著「你進去就好，我在外面等」的態度。但就在Ben固定聚會禮拜之後，原本帶著稜角和怨懟的心逐漸地轉為平和及喜樂，就像一塊硬邦邦的泥土被揉捏成渾圓光滑的模樣。那令人驚訝的改變，Grace感受在心裡，暗自佩服上帝。

許多婚姻的兩方總想要改變對方的習氣和心態，若做不到就想轉身離開。然而，人費盡力氣做不到的，上帝卻做到了。基於這樣的佩服，Grace開始成為慕道友。每週牧師的講道讓她明白基督信仰的真諦，是與多元、包容和自由的價值共融的。在整整一年的慕道之後，Grace也進入了身心安頓的狀態，整個人彷彿從陰濕黑暗走到和煦陽光中，全心全人接受上帝。

第二個奇妙神蹟，是Ben的轉職。在約八年前，在高科技公司工作的Ben因為經常大量出差及職場人事上紛爭身心俱疲，體檢報告滿滿紅字，在禱告後決定開始尋找新工作。沒想到短期內面試後，一連得到了三個工作機會。其中有薪水很高的科技公司全球主管職，也有美國上市公司的亞太區主管職，另一家則是傳產且工作地點不在北部。

在選擇困難之際，連續幾週懋禛牧師的講道及帶領Ben的禱告，上帝都彷彿透過牧師的口指引方向：人生重大的選擇，不要短視近利、僅用金錢或名聲來衡量，要以榮耀上帝的眼光來抉擇。經過了禱告，Ben決定赴任他最感能為主榮耀的台灣品牌公司。這份工作當初的薪資在三個機會中最低，工作地點離家最遠，且因負責全球事務，責任也最大，正好是「錢最少、事最多、離家最遠」。

但這單單順服上帝的心意，卻帶來了人所無法預料的奇妙。Ben進入公司以來，除了工作因上帝的恩典不斷突破的成就感之外，Ben和Grace開始接觸三鐵運動，夫妻愛上這樣的挑戰，不但身體越來越健康，擁有共同的興趣也讓兩人感情更加緊密。如今兩人熱衷於邀請親朋好友一起運動健身，他們的熱情讓健康的祝福滿溢。

神在教養關係中做工

Ben和Grace的女兒Vicky是真光最大的孩子。剛來到真光時她才小學三年級，當時真光就有兒童主日，原本很黏人、很害羞的她，竟願意每週開心地來到真光聽主日故事和參與手作活動。Vicky很喜歡牧師和同工們，活潑開朗的牧師和教友們已成為她生命中重要的一部分。

Ben和Grace一開始並未特別向Vicky提及真光在台灣教會中的獨特性，讓她自然地與大家相處，因此在她的認知當中，原本家長就可能是兩個爸爸或兩個媽媽或只有一個家長，不論異同的多元家庭親子關係在愛裡頭根本沒有差別。一直到大一些，Ben和Grace才跟Vicky提到其他教會的情形，Vicky才知道自己成長的教會很特別。對於自己所愛的教會，現在已是青少年的Vicky表示：「我的教會很酷，我覺得非常驕傲！」

很多家長在親子關係中會面臨艱難的課題，Ben和Grace的家庭也不例外。在

Vicky國三到高一這段期間，個性乖巧自律的她也經歷了叛逆期，不論是學業、生活或是對父母的態度，有了很大的震盪。從小愛看書、甚至把讀百科全書當作休閒樂趣的Vicky似乎失去了對知識的熱情，每日沉溺追Youtuber，最喜歡打扮化妝。課後時間幾乎都花在網路社群媒體上，一到假日就一心想和同學去信義區逛街。

Ben和Grace擔心網路社群讓女兒迷失在外貌身材上，除了熱切地想變美之外，沒有其他的熱情。二〇二一年寒假一次東部的旅遊，Ben和Grace看著女兒完全捨東部的美景不瞧，百無聊賴地一秒滑一則限動打發時間，兩人看不下去之後就爆炸了，焦慮又憤怒地斥責女兒幾乎一整晚，讓親子關係陷入冰點。

就在這時疫情正好爆發，在其後的一個月裡，關在家裡的三人，有好多次的親子衝突，然而這也讓Ben和Grace警覺到女兒與他們正漸行漸遠。作為家長，總是用自己成長的經驗，拿著自己的尺量測子女，話語中充滿老爸老媽當年勇的評斷。更多時候家長的言語只是焦慮情緒的發洩，並不是真正的教導和溝通。

〈以賽亞書〉54章13節說：「你的兒女都要受耶和華的教訓，你的兒女必大享平安。」Ben和Grace終究領略到，在自己無力控制情緒或不知如何教養時，該做的是禱告請求上帝親自教導孩子，而不是大動肝火，說出讓親子關係更糟糕的話語。

在已無法溝通的關係中，Grace試圖用書信以不情緒化的方式，把教導和經驗寫在信裡。與此同時，Ben和Grace也設下了網路使用的守則，在學校線上課程中收掉手機，並限制一天使用的總量時間。週末則利用白天的時間，指定Vicky閱讀共選的書籍，恢復閱讀的習慣。最重要的是，他們每天晚上透過全家一起禱告，祈求上帝帶來關係的回復。

就這樣，正如同神一天一天帶給Ben和Grace心靈的安頓，神也同樣一天一天帶給Vicky心靈的平安和盼望。如今Vicky仍舊愛追星、愛打扮，但她也找到自己的夢想和熱情，不再需要催促才完成作業，她自動自發準備考試，積極與同學組隊參加論文比賽，一週三天練習網球，還完成三鐵比賽，每天都過著很充實的高中生活。

Ben、Grace和Vicky的家，從十多年前分散在不同國家、瀕臨破裂，到今天緊緊相擁、彼此關照的三人；那個當年已無盼望的家庭，在上帝一次次的拯救和恩典裡，如今一起活出了合一喜樂的家庭生活——在人，這是不能的，在神，凡事都能。

10

一家人的生命被神的愛所充滿

神能照著運行在我們心裡的大力充充足足地成就一切，超過我們所求所想的。

——以弗所書3章20節

「我要去找Elisha牧師一下。」璇璇一進到教會就對Carol和Esther這麼說，然後自己走進教會辦公室，熟門熟路的樣子，很難想像當初黏在Esther身上，害羞到最好所有人都沒有看到自己的模樣。如今的璇璇已成為一位國中生，能夠自己坐公車來教會、跟教會的大人們像家人們一樣的相處。

璇璇所在的家庭，有兩個媽媽、一個爸爸，這個在外人看似不可能的組成，卻在神的愛中，堅定、溫暖的存在著。

從不認識神到相信神

Esther從小生長在一個基督教和道教混合的家庭，但是因為爸媽並沒有要求小孩們特別遵守哪個宗教，所以信仰對於小時候的Esther來說，只是宗教的不同，知道阿嬤每週日早上會去家裡附近的教會，外婆家的拜拜都會有大魚大肉。隨著Esther求學、工作所接觸的人大部份都是將自己寄託於傳統信仰中，Esther對於基督教的認識幾乎是零，也讓Esther覺得「神明」比較靈驗。

還沒認識上帝前，Esther常常是尋求「神明」的幫忙。後來Esther去了澳洲念法國藍帶廚藝學校，就在完成學習要回台灣之前，不知道為什麼有種很想去教會的感覺，但是因為在澳洲並沒有可以帶Esther去教會的朋友，所以這個想法就一直放在她的心中。

很奇妙的是，Esther在台灣的堂姐突然聯絡了Esther，邀請Esther回來台灣時，來參加她的受洗典禮。因為這場受洗，Esther開始走進教會生活，她感覺就像多年在外的遊子回到家般的感動，決定受洗成為基督徒。

Carol雖然從小就是基督徒，但在台北求學、工作後，一直沒有固定聚會的地方。Esther受洗後，Carol也跟著來到了這間位在內湖的教會。參加聚會一段時間後，她們卻發現教會的反同立場、對同志不友善的態度，心裡頓時覺得十分失望，也因此離開了教會，但上帝並沒有讓她們離開基督信仰，她們仍然希望可以到神面前，繼續尋求神、聆聽神的話語。

她們倆陸續到過不同教會，也持續在網路上搜尋對同志友善的信仰團體。某一次的搜尋結果出現了「真光福音教會」，Carol發現主任牧師竟是在花蓮一起長大的兒時同伴，而且教會居然就在自己一直生活的台北市！Carol心裡相當激動與興奮，鼓起勇氣與懋禎牧師聯繫上。就這樣，她們帶著女兒璇璇，找到了屬靈的家，更和教會的弟兄姊妹成為互相扶持的屬靈家人。

小孩，一起照顧吧

結束前一段婚姻的Carol，跟前夫保有良好的關係，與Esther交往後自然地介紹兩人認識。而一同照顧璇璇、讓她有著穩定快樂的成長，成為三個大人很自然的共識。但Carol清楚知道，這並不是嘴上說說就好，璇璇身邊最親近的三個大人，需要有同樣的育兒觀念、想法，在實際做法上更需要一致，孩子才能感受完全的安全感，不會無所適從或對照顧者失去信任感，因此Carol責無旁貸的擔起三方討論的發起者。

然而，要真正「一起」養育孩子，首先需要讓璇璇跟Esther建立起親子親密的關係，Carol用璇璇聽得懂的話介紹Esther，讓Esther參與在璇璇的日常生活中，製造許多的機會讓兩個人彼此認識，讓第一次跟小小孩近距離相處的Esther，開始和璇璇建立起緊密又親近的關係。

Esther成為了璇璇口中的「穆馬迷」，許多時候璇璇只愛黏在Esther身上，就像是用行為讓大家知道多了一個愛自己的媽咪。三個大人常常互相分享跟璇璇相處的狀況，不僅有好笑的趣事，也有一起調整教養方式的討論，當有緊急狀況時總能彼此支援，儼然成為神隊友！

孩子的成長會經過各種不同的階段，璇璇也不例外。對於如何讓孩子平安健康長大，Carol可說是想盡辦法做足了各樣功課，更是無時無刻不向神禱告，祈求神賜給自己夠用的智慧，在孩子與三個大人中扮演適當的角色。

隨著璇璇漸大，要面對、溝通的事情也隨之改變，難免遇到挫折，畢竟都是第一次當家長的菜鳥們，每當需要極大的耐心或勇氣時，禱告成了Carol最大的力量來源。加上教會家人代禱，過程裡有著上帝極大的安慰及陪伴，也讓璇璇成長的過程，始終有滿滿的恩典與祝福。

在孩子身上看到神的奇妙安排

璇璇到了上幼稚園的年紀，一開始在戶籍地桃園入學，但Carol卻發現其教學方式與自己期望的不同，想讓璇璇換到一所自由、能激發創造力、快樂做自己的幼稚園。當時Carol剛換新工作，上班地點在台北，某次和老闆聊到自己的困擾，老闆立刻熱心推薦了一間離公司近的全美語幼稚園，不但教學方式符合Carol的理念，璇璇還可以和兩位媽咪一起通勤上下班，神的安排真的充滿驚喜。

璇璇的個性很慢熟又怕生，要換到新學校難免緊張不安，Esther和Carol每天早上都會帶著璇璇一起禱告，讓她能安心地去上學。隨著璇璇越來越熟悉幼稚園的生活，緊張感每天減少，但每晚睡前和上學前的禱告，卻已成為一家人生活日常的習慣和不可缺少的力量。在神的保守下，璇璇順利從幼稚園畢業，全美語環境也替她的英文能力打下好底子。

預備註冊上小學時，因為遷戶籍到心儀學區並不順利，即將開學了都還無法確定要念哪間學校，讓三位家長十分緊張。教會家人們持續為璇璇的學校禱告，有天在教育界工作的一位教會姊妹主動詢問狀況後，給了Carol很實際的建議，幫助家長們釐清優先順序。大家持續禱告，上帝也奇妙的動工，沒多久璇璇在同學家長幫助下遷了戶籍，學區內一間應該已額滿的名校，竟然還有名額，讓璇璇能順利入學就讀。

學籍的問題解決了，Carol持續請教會家人們為璇璇入學後能遇到好老師、好同學禱告。沒想到入學前，Carol得知璇璇幼稚園最好的朋友竟然也在同一個班級，這個好消息，讓璇璇一年級入學的緊張，轉為開心期待上學。璇璇在校六年間，也確實遇到很多好老師、好同學，讓她的小學生活充滿歡樂。

璇璇良好的英文基礎，意外地讓她在國語文學習上出現了困難跟挫折。但事情總在上帝的計劃中。教會有一位任職國中的國文老師，願意每週抽出時間指導璇璇，解決國語文課業上的問題，陪著她聊學校趣事，再從中調整、加強璇璇的國語文表達能力。

就這樣，璇璇從小就因著禱告交託、倚靠上帝，經歷各樣恩典與神蹟。就連升國中時再次遇到的戶籍問題，也在璇爸好朋友的幫忙下順利解決。透過老師介紹，Carol認識了實驗學校的多元教育，決定讓璇璇升國中時能接受更活潑的教育方式。雖然剛開始入學申請並不順利，但憑著對上帝的信心，大家齊心禱告，最終迎刃而解。

這一家人的生命一直被上帝的恩典充滿，在在證明了不因為家庭組成的方式不同，上帝的愛與看顧就有任何減少。

良善的孩子

璇璇跟著兩位媽咪一起來到真光福音教會聚會時，才大約三歲多。除了每週的主日禮拜，Carol和Esther也需要參與敬拜團練習。從小璇璇就跟著一起來，在會堂裡畫圖、寫作業、做勞作、溜滑板車、騎腳踏車、跑跑跳跳的，開心自在地做自己的事情。對璇璇來說，教會給她包容的空間，讓她可以有安全感的活動、學習與不同人建立關係。

在這似懂非懂的年紀，她就透過主日講道和教會文化，耳濡目染學習到「上帝愛祂所創造的一切，祂愛著每個人的不同」。在教會裡和家裡，她看見同性與異性伴侶彼此相愛、多元家庭成員的定義與組成，了解愛都是一樣的，包括家中的毛小孩也是家人，也要學習尊重與愛護。

教會成員組成的多元性，讓璇璇看待與自己不同的人時，能保有一顆平等又溫暖的心。有次璇璇講到學校內有同學被排擠的事，Carol和Esther就反問她：「妳會因為害怕其他人不理妳，也一起排擠這位同學嗎？」璇璇回答：「不會啊！上帝創造每個人都不同，大家都有優缺點，被排擠的同學根本沒做錯什麼，我一樣會跟她做朋友。」孩子在教會感受到上帝的愛、大人們對她的疼愛，讓她也能以一樣心腸去看待與對待身旁的人，兩位媽咪聽完滿是感動。

Carol和Esther很感謝神，讓璇璇長成一位懂得倚靠神、相信神的孩子。她從小就知道可以安心跟上帝對話，年紀越大，璇璇甚至說自己跟上帝有說不完的話！神實實在在與祂的兒女同在，不僅是危急時刻的幫助，更是日常生活的平安。教會家人們的代禱與陪伴，就像那句非洲諺語所說：「一個孩子的養成，需要全村人的幫助與支援。」（It takes a whole village to raise a child）真光屬靈大家庭的愛，成就了這個家庭現在的樣貌！

11 兩個奶爸一個娃

上帝能以運行在我們當中的大能成就一切，遠超過我們所求所想的。

——以弗所書3章20節

人們總樂於歌頌親情，是人世間公認最無私奉獻、不求回報的感情。對無法自然孕育下一代的同志伴侶，這樣的情感意味著什麼？這樣的夢想是否被允許實現？

寒流來襲的週五傍晚，J開車前往幼稚園接孩子Wilson放學，Wilson在校門口的眾多家長中發現熟悉身影，興奮衝上前給把拔一個擁抱。回家路上，父子倆聊著在學校發生的事：Wilson最喜歡跆拳道和數學課，朋友Oliver帶了一本故事書要跟他一起看，一時興起開心唱著聖誕節活動要表演的歌曲……到家後要先洗手，等爹地下班一起吃飯，隔天爹地會帶Wilson去上游泳課，禮拜天還要跟同學們聚餐、做勞作。

這是兩個爸爸和一個五歲男孩的家庭日常。

啟動神蹟方程式

W是真光福音教會的會友，他和J是一對男同志伴侶，從大學時期交往至今已超過二十個年頭，感情穩定的兩人在二〇一五年時興起了孕育下一代的想法，同樣喜歡孩子的兩人構築著家庭生活的夢幻藍圖，最夢幻的是在這個家會有一個天使般的小寶貝。

當時他們無意間參加了一場跨國線上諮詢講座，認識了同樣計畫生育子女的同志朋友，得知海外代孕協助生子的管道。有了具體的資訊，更加明白這是無法貿然前進的道路。

反覆鑽研無比繁複的相關法規與醫療流程，J依舊壓抑不住對生養孩子的渴望，但心中卻有種種疑慮無法釋懷，特別是對孩子健康狀況的擔憂。早已習慣了兩人世界的生活，儘管平淡無波，卻也輕鬆自在，倘若將來生下一個不健康的孩子，這對親子雙方都是難以承受、一輩子的沉痛負擔，J無法確定自己能以何種心態來面對這困境，是否能夠坦然接受這自找的麻煩，恐怕更多的會是無法排遣的自我否定，萬分追悔莫及。

而身為基督徒的W則有全然不同的觀點，他告訴J：「若能如願以償，生下孩子，不論美或醜、聰明或愚笨、健康或缺陷，這都一定有上帝的美意在其中，我們都應該竭盡所能將他扶養成人。」

J對於基督信仰一知半解，伴侶這樣的見解自然讓他驚訝莫名，但W這般開導，讓J的心中放下半塊大石，對養育子女的願望，在觀念上起了微妙的變化，想像著親子情感美好交流之外，責任感也逐漸萌芽，更加明白這會是背著甜蜜負荷的長途旅程。

遇見生命中的貴人

當時的台灣社會，婚姻平權尚在未定之天，男同志代孕生子沒有往例可以依循，身為開路先鋒的前驅，建立維繫一個沒有傳統母親角色的男同志家庭，將遭逢什麼樣的困境，如何因應解決，這都是無從解答的問題，沒有人走過的道路，勢必得要慢慢摸索前進。

不同於一般異性戀家庭，代孕求子整個旅程，歷時以數年計算，孩子遠在異鄉美國，將有太多狀況無法及時掌握。無數次的反覆思量過後，兩人終於開啟了代孕旅程，而前方仍舊是漫漫長路，重重關卡，步步驚心。

因為伴侶的相互扶持，兩人相信終會度過難關，這些信念的背後，總有上帝、教會牧者及弟兄姊妹的愛支撐著。他們嘗試著從基督信仰的角度，一同審視迎接新生命的歷程，徬徨背後得到支持的力量，從而進行心理建設，懷抱信心希望踏上求子之路。

歷經數月周折的協調配對，他們得到了捐卵者與代理孕母的幫助。孕母一家人住在景色壯麗的科羅拉多州，是一對年齡二十出頭的年輕夫妻，有著一個三歲大的女兒，笑容中總是閃爍無邪光芒，一如她的金色長髮。

在初次相識的視訊對談中，J與W得知孕母E與她的丈夫還計畫著將來為可愛的女兒再添一位手足，J好奇詢問，孕程中諸多未知變數風險，潛藏各種可能的併發症，倘若這次代孕留下後遺症，導致他們不能再擁有另一個孩子，原定計畫隨之落空，這該怎麼辦？

E坦率回答，夫妻倆確實思考過這問題，無論如何，他們有一個健康漂亮的女兒，其實早已心滿意足，相對的，許多不孕症夫妻甚或同志家庭，期盼有個孩子卻求之不可得，他們想幫助這樣的家庭實現願望。無私的愛讓J與W深深感動，認定E一家人是他們生命中的貴人，是上帝差派來的天使。

神是我們的後盾

在E受孕後，每個週末雙方都必須視訊對談，這是依據代孕契約的規定，更是基於對代理孕母的尊重與關懷。每週視訊聚會中，雙方總是愉悅交談，詳實分享胎兒發育情況。直到懷孕二十五週時，E以email傳來產檢結果，例行超音波掃描檢查發現胎兒心臟出現鈣化點，這意味著先天性心臟病的徵兆，產檢醫師隨即安排轉診至丹佛市的專科醫療院所接受進一步檢查以釐清狀況。收到這封電子郵件的時間是凌晨五點鐘，J頓時憂心忡忡無法入眠，腦中浮現各種負面狀況，擔憂著萬一胎兒發育異常，下一步該怎麼辦？

焦慮無法成眠的夜晚，W尋求真光福音教會牧師與弟兄姊妹的協助，教會代禱讓J與W內心充滿平安，所幸兩週後的檢查報告結果孩子一切正常，及時到來的好消息一掃先前的陰霾，讓兩人欣喜感動不已。

面對孕程中的未知風險，個中憂慮一般人難以想像，即便已經處心積慮預想許多，卻總有更多始料未及的事件發生，除了前述產檢發現心臟鈣化點，孕母異常血尿急診，後期羊水不足可能阻礙胎兒發育，甚至孩子提前降臨……種種措手不及的情況，真光福音教會弟兄姊妹們的關懷與代禱，也陪伴他們走過一連串的兵荒馬亂，最後迎來天使寶貝Wilson。

計劃趕不上變化

記得在預產期前一週的週六傍晚，他們接到來自美國的簡訊，當時孕母告知開始產生規律的陣痛，孩子可能要提前降臨了，這超乎預期的變化打亂了規劃：陪同進入產房、拍照攝影、剪臍帶、skin contact（親子肌膚接觸）……這些原定的生產流程計劃（birth plan）瞬間派不上用場，他們只能按捺情緒守在電腦前，鎮定耐心等待進一步消息，同時不斷祈禱孩子能夠順利降臨。直到過了午夜零時見到E的丈夫抱來小寶貝，在螢幕前看到地球的另一端Wilson安詳沉睡的模樣，兩人才終於鬆了一口氣。

剛剛經歷未曾設想的突發狀況，J驚魂甫定，思緒一片空白手足無措，心想：「我們不是應該在科羅拉多州僻靜的小鎮醫院裡嗎？」孩子出生的此刻，兩個爸爸還身在萬里之外的台灣，接下來如何是好？W靠著主賜的平安，立刻定下心，更改了飯店和機票，也重新安排租車，臨時找了朋友陪同，提前飛往美國把寶貝接出醫院，J則是照原定行程，在一週後帶著保母前往美國交接。

在那週的等待之中，即便看著W不定時傳來的寶寶照片，甚至在前往美國的飛機上，從丹佛機場開車前往小鎮飯店的兩個半小時路途中，J仍然感覺這一切如此虛幻不實，男同志真的可以有自己的孩子嗎？真的已經有了自己的孩子嗎？直到抵達目的地，推開房門的那一刻，襯著窗外黃昏暮色，嗅著空氣中的平靜祥和，見到了那張朝思暮想的天使面容，在心裡面默默地打了個招呼：嗨，親愛的寶貝，我們終於見面了。

曾經的無數懷疑，在美夢成真的片刻化為烏有，取而代之的是新手爸爸的超級任務：餵奶，拍嗝，換尿布，哄睡……都得在短時間內勝任上手，印象中親友們的育兒經驗，新生兒初來乍到對這個地球的種種不適應：脹氣、腸絞痛、異位性皮膚炎……這些惱人症狀在Wilson身上完全沒發生，甚至在滿月後就調整好新地球人的生理時鐘，順利睡了過夜，這也讓這對新手爸爸對嶄新生活型態適應良好，情不自禁讚嘆慶幸得到了一個天使寶寶。

他們也深刻領悟到，從此在這世上，他們擁有比自己生命更加珍貴的寶藏，體驗到的不只是自己竟能全然付出，毫無保留，更多的是孩子回饋給他們的愛，如此純粹無瑕。

都是神的恩典

一天天看著寶寶健康長大，翻身坐起，再到站立，長出第一顆牙，吃了第一口副食品，牙牙學語，跨出人生中的第一步……原本平凡單調的生活變得處處充滿驚喜，襁褓中沉睡面容記憶猶新，一轉眼Wilson竟已五歲了，如同一般男孩的活潑好動，帥氣可愛外表下，更多了看似大而化之、實則善體人意的心。

J與W也遠離多數同志逍遙無憂的自在生活，細心呵護Wilson度過這些年的幼兒階段，其間經歷對父母家人的出櫃風波，得到家族親友情義相挺，在幼稚園裡Wilson結交了許多好朋友，師長的細心幫助及其他家長的真誠相處，即便是第一次認識這樣的家庭，卻也支持認可、友善相待，甚至不時相約聚會出遊。世俗眼光中特異另類的家庭背景，在校方及同儕家庭看來並不離經叛道，一切都是那麼自然。

這些美妙的故事場景，都是隨著Wilson出生，降臨這對伴侶的生命之中。生活不再是無牽無掛，從今以後將一直懸著一顆心，惦念孩子是否飽暖健康，情緒隨之跌宕起伏，想到他的童言童語又會不自覺嘴角上揚，看不膩手機裡的日常影片，反覆重播一遍又一遍，上網搜尋訂購他喜歡的玩具，想著下次連假要帶他去哪兒玩……這樣的牽掛，應該會持續到生命的最後一刻吧。W豁然開朗，原來天父的愛也是這樣。

對於這趟求子育兒歷程的崎嶇坎坷，兩人無怨無悔，肩負另一個生命的幸福，其實蘊含著更圓滿的幸福。

回首前塵，展望未來，縱然可能面臨眾多未知狀況，心力所不能及，但懷抱信仰的引導，他們相信終能一如過往，慌亂的心得以平靜，拾起勇氣繼續邁出下一步，即便無法天真期待往後一片風平浪靜，仍舊擔心將來孩子如何面對可能的異樣眼光，但他們知道不管社會大眾是否認同，在真光福音教會，大家總是能夠像家人一樣給予孩子溫暖包容，這裡就是他的避風港。

故事，未完待續

寒冬夜裡，J說完了睡前故事「傑克與魔豆」，Wilson對爸爸分享他的感想：「我覺得傑克有點可憐……。」

J：「為什麼你覺得傑克可憐呢？」

Wilson：「因為傑克跟他的媽媽住在一起，他沒有爸爸……」

J小心翼翼問道：「那麼Wilson沒有媽媽，會很可憐嗎？」

Wilson的回答率性依舊：「不會啊，因為我有把拔和爹地，而且把拔和爹地最愛的人就是我，所以我很幸福。」

孩子天真的話語是世上最溫暖的暖流，恣意流過爸爸們的心底。「其實把拔和爹地才是世界上最幸福的人，是你讓我們學會如何去愛，因為你，我們體驗了不曾有過、也無從想像的美好，我們不會忘記在這段旅途啟程時的承諾，會一直守護著你，陪伴你健康快樂成長。」

在這個故事中，節儉吝嗇的人做了個奢侈的美夢，讓怯懦的自己得到了強大的勇氣與力量。兩個爸爸加上一個寶貝，三人同行的同志家庭故事，從一路泥濘走到柳暗花明，仍未完待續。

12 真光的第一場婚禮

我出生以前，你已經看見了我；那為我安排尚未來到的日子都已經記錄在你的冊上。

——詩篇139篇16節

沒有猶豫的受洗

佑群第一次來到真光，是在二〇〇九年的興起發光挑戰特會，並且在佈道晚會當中受洗。但那段時間其實是她對人生充滿疑惑的一年。她在前一年的年底經歷了一次相當嚴重的意外事件，雖然沒有留下明顯的後遺症，但意外事件的發生，讓她重新思索人生的方向到底該何去何從。

於此同時，她在醫院接受專業訓練的工作也已經告一個段落，必須做出下一個階段的選擇，而不同的選擇是否會影響她未來的婚姻與家庭，實在是沒有答案。就在這個疑惑的當下，佑群接到高中同學小嘉的問候，小嘉知道佑群之前所遭遇的意外，也在真光的禱告會裡為佑群的復原禱告，而就是這樣的契機，佑群參加了特會的佈道晚會。

那是一個不算太熱的夏日傍晚，佑群還記得自己在晚會舉辦地點外的巷弄間徘徊了一陣子，雖然她對於基督信仰不算是陌生，但也因為那是中學時代久遠的學校記憶，她不確定到底會發生什麼事情，這種不確定的感覺讓她有點猶豫，但想到小嘉熱切的關心，就當作是和好久不見的同學見個面，應該不會有什麼奇怪的事情發生吧。

奇怪的事情沒有發生，但是發生了奇妙的事情。在晚會當中，佑群感受到敬拜團的每一首詩歌、牧師的每一段講道，都是對著她的人生疑惑說話，對著她的自我懷疑說話。她感受到無論她做出任何選擇，都會有上帝無條件的愛與包容。

於是，當懋禎牧師在晚會最後，邀請願意當場受洗的人到台前，佑群毫不猶豫地上前，受洗成為基督徒。受洗後她鬆了一口氣，因為她知道即便前面的道路不明確，但是有上帝、有牧師、有教友，會陪著她挑戰未知的一切。

見證病人的醫治

即便是毫不猶豫地受洗成為基督徒，佑群心裡仍然有時會疑惑，上帝到底在哪裡？神蹟到底是什麼？真的會讓我親眼見證嗎？沒有證據就直接相信，對於長期接受科學訓練的佑群來說，有些不真實也有些害怕。

在醫院工作時，有一天一位病人陷入昏迷，佑群百思不得其解，一切平穩沒有意外的治療，為何在治療後病人沒有醒來。她站在病床邊，心裡默默的為病人禱告，希望病人能夠安然無恙的醒來，同時，她也偷偷問上帝：「祢如果真實的存在著，請顯現祢的神蹟，請賜下醫治的能力讓這位病人醒過來，讓我知道祢的存在。」

就這樣，等了一天又一天，等了一周又一周，病人持續昏迷著，也因為昏迷的狀態接受了其他各式的治療，離開原本照顧的單位；佑群則是因為各項接踵而來的工作，漸漸地忘記了這件事與這位病人；而禱告的內容與對上帝存在的疑惑也消逝在繁瑣的日常裡。

直到幾個月後的某一天，佑群在病房裡聽到同事呼喚著一個名字，這個名字聽來耳熟，她朝著回應的聲音方向看去，映入眼簾的竟然是那位曾經昏迷的病人，雖然他看起來仍留有大病一場後的蛛絲馬跡，但能夠意識清醒且活動自如的回應，還抱怨了一下醫院的伙食。對比之前完全昏迷的狀態，佑群驚訝地站在原地手足無措，看著病人拎著大包小包遠去的背影，心裡的震撼是前所未見的。

這是上帝親自回應佑群的禱告，藉由病人的醫治告訴她：「我存在，我也賜下醫治，只是沒有照著你想要的時間立刻顯現而已。」如同〈傳道書〉3章1節所說：「天下萬物都有定期，都有上帝特定的時間。」自此，除了上帝的真實存在以外，佑群還體悟到，做自己該做的事情，耐心的等待，其他的安排交給上帝，慈愛與力量會在該出現的時間彰顯。基督徒是上帝慈愛彰顯的器皿，但凡事是照著上帝的安排，基督徒該做的並非企圖掌控恩典發生的時間，而是遵照上帝愛人如己的誡命走在良善的道路上，安靜的等待恩典的降臨。

遇見奇蹟的另一個圓

受洗後，佑群固定參與教會的聚會與禮拜，同時，她也在思考繼續往前的人生道路，是否可以遇見願意一同分享生命的靈魂伴侶。

在工作場域裡，佑群是少見能夠獨當一面的女性，這樣的氣魄與氣勢，常常會嚇走對女性有傳統期待的對象，但若是要裝模作樣也不是長久之計，這樣的矛盾實在是令她不知如何是好。她將這樣的困擾在伴侶課程「遇見另一個圓」裡詢問牧師，牧師告訴她，任何事只要你願意開口禱告，上帝都會為你成就，即便是感情或婚姻也是可以透過禱告成就。

於是，佑群祈求上帝讓她能遇見價值觀相同、能夠讓她安心做自己、且願意了解她內心想法的伴侶。雖然仍舊帶著懷疑，但是這次佑群能感受到心裡的平靜，她能夠平靜地告訴自己，事情能否成就不是我能控制的，掌權的能力在上帝的手上。而這次上帝沒有讓她等太久，她很快的認識了一位和禱告內容相去不遠的S先生，在受洗後將近十個月，佑群和S先生的婚禮，成為了真光的第一場婚禮。

但上帝的計畫其實遠高於佑群的所求所想，也高於真光的所求所想。在同一個時間，原本擔任教會帳務會計的同工，因為生涯規劃的原因離開了真光，事情突如其來，教會的帳務似乎無人能處理。沒想到，佑群的伴侶S先生就是財務管理的專業人士，任職於傳統產業的財務部門，於是，教會的帳務便無縫接軌的由專業人士S先生來管理。

接下來的幾年，真光成立社團法人，希望教會的奉獻與事工能夠符合世俗政府的法規，提升透明度讓會友的奉獻能夠清楚使用的方向，而這也是S先生後來辭去傳統產業財務工作後，轉而投入的公益組織財務責信的使命與抱負。真光與S先生的使命相輔相成，S先生用他的財務專業陪伴真光度過財務艱困的時刻，而真光這樣成功陪伴的案例，也讓S先生能利用這樣的經驗去陪伴更多的公益組織。佑群也在S先生的指導之下，從完全不了解帳務與會計，到後來可以處理每筆收入支出的帳務紀錄，一直到現在，忠心的成為上帝的好管家。

蒙福的家庭與工作

佑群與S先生結婚之後，接連迎來兩個孩子Miracle和Faith，他們是從母胎裡就在真光的孩子，跟著真光一起經歷了流浪曠野與上街遊行的時刻，也跟著兒童事工一起成長，從最初的唱唱跳跳、手工畫畫、到後來的繪本閱讀，他們很自然而然地接受了上帝在人世間包容一切的愛，也理解這份愛是接納所有人的，沒有分別。

他們很自然地參加了各種性別組合的婚禮，很自然的接受多元家庭的組成，在面對刻板印象時他們眉頭皺得比別人還要深，總是義憤填膺地撇撇嘴翻個白眼。而在學校生活中他們也特別能察覺處境比較不同的孩子，悄悄地付出能力所及的陪伴與協助。

就在Faith進入中年級時，遇上了一個相當守舊嚴格的級任老師，對Faith造成相當大的陰影，雖然沒有實際上的體罰，但是班級管理的手法讓Faith擔心到每日無法入睡，害怕睡著後醒來就要上學。束手無策的佑群除了禱告和陪伴別無他法，全家陷入愁雲慘霧。

在某日帶著孩子去上才藝班時，佑群巧遇多年不見的朋友，就這麼奇妙，朋友的朋友是戲劇治療師，原本只是想和朋友訴苦的佑群，竟然找到了幫助孩子的方法，就在朋友的引薦之下，Miracle陪著Faith一起接受戲劇治療。同時間Faith自己在體操比賽上有了好成績，有了一點自信，而佑群和S先生則協調輪流陪伴

Faith，讓彼此都有喘息的時間。

即使是在狀況最糟的時刻，Faith仍然會記得佑群對他的提醒，在學校很害怕的時候跟上帝說說話，就這樣過了三個月的時間，當Faith終於能安然睡過夜的那天，一切終於好轉。佑群相信，雖然過程很痛苦，但是上帝一定在其中有奇妙的安排，未來即使Faith再遇到嚴苛的老師或環境，過去的這段經歷可以成為他的養份，讓他長出自信的力量。

在工作轉換的時刻，孩子的到來讓佑群選擇了能夠兼顧家庭的工作，能親自照顧孩子與家庭，也能更親近教會與上帝。在充滿挑戰的工作當中，每次執行醫療任務前，佑群總是這樣禱告：「親愛的上帝，請祢使用我，賜下醫治在病人的身上。」

無論是一般日常的醫療或是面對席捲全世界的COVID-19疫情，這樣的禱告總是帶給佑群平靜的力量，面對每個不確定又令人焦躁的時刻。她相信自己從上帝而來的力量，相信上帝不會給人無法承受的挑戰，相信這一切已經寫在上帝的冊裡。

第4部

平權的神蹟

13

擁抱自己的真實身分

上帝說：「我與你們並你們這裡的各樣活物所立的永約是有記號的。我把虹放在雲彩中，這就可作我與地立約的記號了。」

——創世記9章12－13節

從沒想過會踏入教會

志航出生在一個平凡的小康家庭，國中時期透過各樣資訊的啟蒙、青春期自我探索的過程，慢慢確定了自己的性向。就讀二專時期時，志航也很活躍地結交多元族群的朋友，從第二屆台灣同志大遊行開始，他就積極地參與在性別平權運動，非常驕傲並認同自己的身分。

出社會工作後，某一任前男友是基督徒，邀請他參加教會的聚會。年輕的志航對宗教沒有太多想法與設限，也不排斥認識信仰，就跟著男友開始穩定聚會，並慢慢喜歡上教會詩歌的敬拜。

但他很快就意識到，自己無法在教會公開出櫃，當前男友對志航說：「在教會不能跟大家公開我們在一起！」他對這個要求感到難以接受，因為自己在職場從來都不需要隱藏男同志的身分，在教會聚會時卻要躲在櫃子裡，自我否定的感覺讓他十分難受。他漸漸意識到，教會教導的價值觀跟自我認同是衝突的，陷入了「跟隨神」還是「做自己」的掙扎裡。

流下受傷的淚水

當時在教會裡只有一位姊妹知道志航與男友的關係，她的態度相對友善，並沒有阻止兩人交往，志航和她也漸漸建立起家人般的信任關係。二〇一三年，當平權團體與法律人士開始推動多元成家法案，教會也積極表態反對。

那段時間裡，志航心裡承受了很大的壓力。教會在主日聚會讓「前同志」上台分享生命見證，安排戲劇表演，將法案惡意扭曲成可以「合法亂倫」，還播放一段同志遊行的影片，拍攝少數人舉著聳動標語，用來妖魔化同志族群。在台下看著這些荒唐舉動與惡意行徑，志航滿腔怒火，他默默地流下難過的淚水，當下想立刻衝出會堂。

那位姊妹發現志航的神情不太對勁，聚會後關心他的狀況。兩人深聊後，發現原來彼此站在不同的立場，她反對的理由主要來自對愛滋病的擔憂。志航心想：「如果一對同志伴侶願意進入婚姻委身關係，有固定的性伴侶，那不是應該被祝福嗎？」他意識到那位姊妹的觀念並沒有他以為的接納，這場對話在無法達到共識的情況下草草結束，也是志航第一次認真的思考，是否應該要離開教會。

痛哭流涕跟神禱告

當年婚姻平權法案因教會界強力反對，最終沒有進入二讀。對教會大多數人來說是一場勝利。但對和志航一樣隱身在各大教會的同志來說，卻是痛苦與絕望。

當時志航常常跟神痛哭禱告說：「主啊！求你帶領我到能真實做自己的教會，如果我在這都需要隱藏真實的自己，也沒有辦法跟其他弟兄姊妹建立敞開的關係，我要怎麼坦然來到祢面前？如果這裡這麼反同的話，我要怎麼向我身邊的同志朋友傳一個會反對他們的福音？這樣不就是把他們推入火坑嗎？」他同時也向神禱告，希望在未來能有機會為愛滋感染者及同志族群做一些事情。

神的安排總是很奇妙，志航在二〇一四年八月參加歐陽文風牧師新書座談會，遇到曾在工作場合見過幾次面、當時在真光福音教會聚會的的前同事。座談會結束後，志航上前跟那位弟兄打招呼，會後也跟真光幾位弟兄一起晚餐，就這樣開啟了與真光的連結。那天是志航第一次和其他同志基督徒見面，雖然彼此還不熟悉，但在互動中他感受到無比的自在。半年後，他終於離開原本的教會，開始到真光聚會。

神帶領來到真光

一開始到真光聚會，志航心裡感到不安，擔心如果神不希望他離開原本教會怎麼辦？所以他不斷跟神禱告說：「主啊！如果這是祢要帶領我來到的教會，求祢讓我在敬拜過程當中有很大的感動。」在之後幾次主日敬拜當中，志航總是哭到不能自己。敬拜歌詞像是不斷的對他的心說話：「不管你到哪裡去，我都與你同在！」

在一次又一次的敬拜中，他確定真光是神要為他預備信仰的家。當時志航偶爾還是會陷入自我定罪情緒當中，上帝也透過同工的先知性服事對他說：「孩子，不要用你自己的眼光看你自己，你要用我的眼光看你自己！」透過教會牧師信仰的教導和閱讀同志相關的信仰書籍，他明白同志也是上帝美好的創造，在信仰裡能驕傲地擁抱自己同志的身分。

志航開始穩定地在真光聚會，並積極參與教會服事。二〇一五年十月底，志航第一次跟著教會參與同志大遊行。他從來沒想過有一天能夠以同志基督徒的身分走在遊行隊伍當中。

他渴望能讓更多同志朋友知道基督信仰是歡迎所有人的，所以總是高高舉著「上帝的愛不分異同」的標語。最後走回遊行會場時，他聽見遊行主持人用麥克風唱名教會的名字，並唸出他們高舉著的標語，志航的心中更是激動不已。此時此刻，他終於體會到根本不需要在性傾向與信仰中抉擇，兩者是可以共存的。

跟真光一起爭取婚姻平權

二〇一六到二〇一八這兩年，志航跟著教會一起密集站上街頭。二〇一六年十一月，當婚姻平權民法修法草案正式一讀的時候，許多人以為看見了曙光，想不到在排審相關法案時，卻遇到反同方的阻擋，臨時加開兩場公聽會。他氣憤不已，彷彿回到二〇一三年多元成家事件的時空當中。回想起當年身在反同教會裡的無能為力，也促使他有了想要站上街頭，替自己的族群發聲的想法。

真光福音教會是婚姻平權大平台協辦單位之一，因著真光教導基督信仰的神是「愛和公義」，志航也決定報名這幾場緊急聲援活動的志工。十二月三號反同方串聯全台舉辦「婚姻家庭，全民決定」集會，號稱全台有二十萬公民站出來反對同婚。隔週十二月十號，志航跟著教會參與了「讓生命不再逝去，為婚姻平權站出來」音樂會，當天一共有二十五萬人出席這場凱道大型活動，讓婚姻平權運動達到前所未有的里程碑。

當時真光是教會界少數站出來發聲支持的信仰團體之一，也因著真光與許多支持婚姻平權的基督徒發聲之後，大多數的支持團體開始不再對基督教有無差別的反感。

過去談論到信仰跟性向時，志航總是會有夾在中間的無力感，對於身邊同志朋友對基督教的批評，他無力辯駁。但在真光認識正確的信仰觀之後，志航對於信仰話題也不再羞於分享。除了肯定自己的同志身分之外，也能大聲地宣告說：「我是基督徒，我支持婚姻平權！」二〇一六年十二月二十六日，同婚法案在立法院終於完成一讀，送交黨團協商。

不友善的眼光

二〇一七年五月二十四日，大法官作出釋憲結果，禁止同婚違憲，要求在兩年內修正或制定相關法案，正反方陷入了要修民法或立專法的論戰中。二〇一八年二月，反同方決議要將婚姻平權爭論訴諸公投，挺同方因無力阻擋，也推出「婚姻平權」及「性別平等教育」兩公投反制。

同年因為遇上縣市長選舉，全台的保守勢力反撲，散播著許多對同志不實的謠言。志航雖然感到憤怒，但因著有相同信念的教會家人與朋友陪伴，他並不感到孤單，能做的就是擺上禱告，並不斷在臉書上宣傳「兩好三壞」公投行動，也鼓起勇氣邀請自己的爸媽來支持婚姻平權公投。真光的兩位牧師參與在多場公開記者會中，以挺同基督教會的立場發聲，真光人不分異同，也都用自己的方式表達支持。

二〇一八年十一月二十四日，反同方大勝，依公投結果必須要另立專法。選舉結果差距之大令人難以想像，這是所有挺同方感受到最黑暗的一夜。選前的惡意謠言跟抹黑，此刻像是重覆重擊，拳拳打在每一個支持者的臉上。原以為不友善的態度主要來自教會界，但開票結果卻顯示出整個社會對多元性別族群的不支持，許多人悲痛哭泣，甚至有人絕望輕生。懋禛牧師跟Elisha牧師這晚來到二二八公園，以擁抱與禱告安慰一顆顆破碎受傷的心。對很多人來說，彷彿感覺無法再看見希望。

雨後天晴的彩虹

因應公投結果，政府須另立專法保障同志權益，行政院版同婚專法草案進入一讀，後續又有反同立委推出不符合保障的同性生活專法也進入一讀。所有人都擔憂反同方得寸進尺，並不是真心想讓同志朋友可以得到保障，所以挺同團體呼籲政府必須儘速通過行政院版同婚專法。二〇一九年五月，時間接近兩年修法期限，行政院長蘇貞昌公開喊話，柔性訴求請求執政黨的立委支持行政院版同婚專法，並稱歷史會記住這一刻。

五月十四日和五月十七日是立法院進行協商和表決的時刻，雖然都是上班日，還是有很多人在立法院外關心法案狀況，真光福音教會也動員會友們，在現場以禱告守望著。十四號協商日沒有取得共識，最終需要在十七號進行表決。表決日當天早上，天空下著大雨，志航一度想取消去立法院外守候的念頭，但他最終決定到現場，看見超過萬人不畏風雨，非常感動。

等待表決過程的時間彷彿特別漫長，大家的心情忐忑不安。下午三點二十七分，在執政黨多數立委及在野黨少數跨黨派的立委支持下，「司法院釋字第七四八號解釋施行法」三讀通過，現場所有人都開心地擁抱哭泣，迎接這遲來的勝利！此時天空出現一道清晰的彩虹，彷彿是上帝認同多元族群的印證：雖然曾經傷心難過，曾經失去信心盼望，但上帝的應許是信實的，我們最終將看到雨後天晴的彩虹！

14

婚姻平權得勝的那個時刻

於是約書亞照著摩西對他所說的話行，和亞瑪力人爭戰。摩西、亞倫與戶珥上了山頂。摩西何時舉手，以色列人就得勝，何時垂手，亞瑪力人就得勝。但摩西的手發沉，他們就搬石頭來，放在他以下，他就坐在上面。亞倫與戶珥扶著他的手，一個在這邊，一個在那邊，他的手就穩住。

——出埃及記17章10-12節

婚姻平權法案的通過將近四年，但官曉薇老師回想起二〇一九年婚姻平權法案通過的那個時刻，仍記得那份巨大的感動。

那是值得歷史記載的戲劇性時刻。立院表決那天，在立院九點開議的時候，烏雲飄來，天還下雨。但在法案三讀通過之後，天氣居然放晴了，出現了彩虹。婚權團體「婚姻平權大平台」在二〇二一年出版了一本記錄二〇一六年到二〇一九年婚姻平權運動的攝影集，就把書名取做《雨過天青》。

這本書詳細記錄了婚姻平權法案通過前三年的運動過程。瞭解這個內部過程的夥伴和參與者們都知道，在按下表決鍵前，沒有人有把握會發生什麼樣的結果。在媒體如今輕描淡寫「亞洲第一個婚姻平權國家」的榮譽背後，其實過程充滿了艱辛和轉折。

充滿荊棘的路

走向婚姻平權的路上，在斑斕的彩虹旗背後，總是充滿荊棘。在二〇一七年五月二十四日大法官做成司法院釋字七四八號之前，婚權的夥伴雖然知道平權終有一天會達成，但其實因為整體社會氣氛在反同婚運動崛起之後，態勢起起伏伏，很難想像會在十年內達成目標。曉薇老師談及過去人權團體的夥伴最喜歡開的玩笑：「來來來快下注，究竟廢死、廢除通姦罪和婚姻平權，究竟哪個運動會先達成目標？」

這個苦中作樂的話語顯示了這幾個高度爭議性的議題，在台灣的推動過程都具有相當的難度。曉薇老師把爭取婚姻平權之路形容為打仗，就如同聖經故事裡面記載的許多爭戰一樣，婚姻平權的爭取經歷了許多戰役。在這些爭戰中，婚姻平權支持方有時得勝，有時戰敗。

曉薇老師表示，很特別的是，在這個爭戰中不論是勝是敗，都有越來越多士兵加入婚姻平權方。在這些集體參與的戰役裡面，有些人在立法院、凱道的遊行和集會舉標語和彩虹旗表達支持，有些人在捷運站前發傳單當小蜜蜂，有些人捐錢和物資。曉薇老師說，每個人的角色都很重要。

在這個爭戰當中，「有人是約書亞，有人是一線的士兵，但我覺得我是撐著摩西手不要掉下來的戶珥。」曉薇老師參與婚姻平權的二〇一〇年代前後，台灣同志人權運動正從反汙名和反歧視進入到爭取婚家權利的階段。此時她正好在學校教授親屬法，也在婦女團體從事性別平等倡議。

最痛苦的一場戰役

大約二〇一二年開始，曉薇老師開始以學者身分參與各種同性伴侶法制的討論，她很清楚記得，某次座談會她第一次親身聽到反同婚的學者、牧師和神父的言論。她知道當時幾位在場的學生和部分與會者其實都是未出櫃同志，在句句穿心的歧視言詞之下，她很難想像他們如何度過那煎熬的幾小時，回家之後又如何面對創傷。在震驚之餘，曉薇老師真切感受到整體社會、尤其是基督宗教對同志族群巨大的不友善。

曉薇老師憶起，在多次同婚座談、辯論或演講場合，有來自反同人士發表令人難受的攻擊性言語，她會氣憤地雙手發抖。有一次，她與一位律師前輩同台座談，律師的語言夾雜著宗教和法律辭藻，但態度上就是那種以為自己代表神來論斷同志之罪的傲慢。曉薇老師在座談一結束後就衝出會議室，進入廁所嘔吐並嚎啕大哭。

她哭腫了眼睛從廁所出來之後，與會的夥伴還溫柔地問：「老師，妳還好嗎？」曉薇老師這時忍不住繼續啜泣，並大吼：「他……怎麼能夠這樣講?!」這大概是唯一失控的一次吧，之後在這樣的時刻，曉薇老師腦海總是浮現身邊同志學生、家人和運動夥伴們的面容。他們的面容，以及相信上帝是公義和愛的信念，支撐她以理性專業的態度扮演好學者的角色，努力查找資料、深入研究，以找出攻破反同方論述的有利武器。而也正是對他們和上帝的愛，成為支持她這一路協助同婚夥伴們，參與各種戰役打仗的力量。

最痛苦的戰役是哪一仗呢？曉薇老師收起笑容表示，當然是二〇一八年的反同婚公投。二〇一八年二月反同婚方提出的三案反同婚和反同志教育公投達到連署門檻確定成案。這是台灣降低公投門檻後進行的第一次公投，沒有人有應對公投的經驗。曉薇老師所協助的婚姻平權大平台馬上開始請益曾參與過婚權公投戰的其他國家婚權人士，開始準備應戰。

「真的是規工ㄟ（台語）……台灣經歷完立法戰、憲法訴訟戰，好不容易有大法官解釋，居然還有公投戰，而且在五年都經歷了！」曉薇老師解釋，世界上的婚姻平權方式，有立法、訴訟和公投三種，在台灣，三種方式在短期內都做好做滿，這樣的發展既快速又耗損。曉薇老師表示，研究公投的學者在台灣不多，最後她還是硬著頭皮投入原本不熟習的領域，開始研究公投理論、法制和策略。

黎明前的黑暗

其實為了因應二〇一七年憲法法庭的婚姻平權案，原本就有一組律師和學者組成法律小組，他們曾在憲法法庭之前遞送給大法官憲法史上第一份法庭之友意見書。這組法律人後來繼續在公投戰和施行法戰中提供婚姻平權大平台法律意見，並開始商討如何因應公投。曉薇老師和法律小組想了很多法律策略，卻無法阻止明顯違反大法官解釋，也侵害少數族群權益的公投。

公投是直接民主的參與，上千萬票的遊說，不像說服大法官是講法和講理的。「從其他國家的經驗來看，公投和全國性選舉一樣，應該是以打選戰的方式，一票一票去催出來的。」曉薇老師在研究之後，得到這樣的結論。全國性的選戰，本質上對於少數群體非常不利，資源和人力的稀少、以及團隊財力的匱乏，讓許多資訊都傳不到都會以外的角落。「募資募得好辛苦，但一下子就用完了，像石頭丟到海了一樣。」

這次公投的失敗，讓很多人對民主失望。在公投之後，隨著大法官所給的兩年期限即將在二〇一九年五月截止，行政院在大法官的憲法要求和公投的民意之間陷入困難。而開出七百多萬張的票數，也讓原本支持同婚的立委對婚姻平權立法卻步。以當時的政治氣氛來說，情勢真的很不利，行政權和立法權都對於要給予「同性婚姻」產生疑慮。

幸好，因為先有大法官做成的釋字七四八號，曉薇老師在參與的幾次民間團體與行政院的會議協商中，不斷提醒行政機關，大法官已確立憲法保障婚姻平權的要求，這樣的憲法要求不容行政權和立法權違反。最後雙方確立了同性伴侶兩人間的保障與異性婚必須平等的共識。

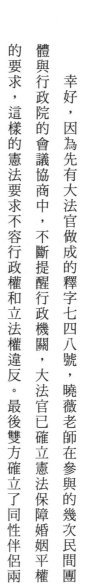

我們真的需要神蹟

但是，究竟公投結果是否表示同性伴侶間的關係不能叫做「婚姻」呢？草擬的過程中，修改了好多版本，最後版本的婚姻平權草案整體迴避了用婚姻定義同性伴侶關係。在幾經磋商之後，終於在第四條的登記條文中加了「結婚登記」這樣的字樣。曉薇老師說，這實在是民間團體的最後底線了。

即便以這樣的版本進行立法遊說，許多立委礙於公投展現出來的政治結果，害怕葬送自己的政治前途而遲遲不敢同意。最後執政黨團甚至不進行投票動員，反而開放讓立委依憑自己的意志決定來投票。這個決定對婚權方增加了太多變數，在投票前夕都還不能確定能夠得到通過的足夠票數。

在這個過程中，真光的牧師、同工和代禱團隊們都不斷聯繫，請求大家的禱告。曉薇老師說：「我們真的需要神蹟。」從投票前夕到投票的上午，事後看來，上帝透過了好多不同的人不斷地做工，像戶珥和亞倫一樣撐著摩西發沉的手，包括行政院長向立委發表了一段非常感性的演講，包括許多幕僚和夥伴的連夜奔走，這些對立委的投票都有臨門一腳的作用。

二〇一九年五月十七日，立法院表決「司法院釋字第七四八號解釋施行法」第四條的時刻，世界如同靜止了，大家摒息以待。當時曉薇老師在家裡的電腦開了好幾個螢幕觀看場內外的直播，一邊與現場的婚權夥伴們以messenger做連線。終於，院會大廳的牆壁上秀出同意票大過不同意票，此時立法院外的群眾歡聲雷動。在那個時刻，她當場流下眼淚，不斷向上帝謝恩。上帝是行公義的神，那高舉的仗終於迎來了這次的勝利。

15

異鄉人在真光找到家

我豈沒有吩咐你嗎?你當剛強壯膽!不要懼怕,也不要驚惶,因為你無論往哪裡去,耶和華你的神必與你同在。

——約書亞記1章9節

在不信中經歷上帝

「如果告訴從前的我,你現在是一個每週都到教會兩三次,穩定聚會和奉獻的基督徒,她恐怕打死也不相信。」

二〇一九年來到真光福音教會的繁安,是土生土長的馬來西亞華人,受留台背景的父母影響,她中學畢業後也到台灣深造,目前是碩士班的研究生。雙親正直開明、好抱不平的行事為人，是繁安平權意識的啟蒙。雖然出身保守和伊斯蘭宗教文化色彩濃厚的國家，但基於性別平等的理念，加上身邊也有同志親友的緣故，她一直站在支持婚姻平權的一方。

大學時期來到台灣，社會上活躍的公民對話氛圍，讓繁安第一次走上街頭，參與遊行倡議等活動，尤其在意關心性別議題。因為這樣的立場，繁安對大部分反同的教會和基督徒都沒什麼好感，甚至曾和基督徒朋友因婚姻平權議題，爭辯得面紅耳赤。儘管父母是受洗基督徒，小時候也曾到過教會，但當時的繁安認為，如果上帝把同性戀視為罪不可赦，是如反同基督徒所言，和殺人放火可相提並論的罪行的話，那這樣的上帝，她不信也罷。

然而，即使是對基督教心懷反感如繁安，卻還是在神奇妙的帶領下，踏入教會。大一下學期遭遇詐騙，加上學業社團的挫折壓力，使她對自己和周遭環境的信任瓦解，陷入低潮。抵不過室友再三邀約，她到對方當時的教會聚會。從一開始的半信半疑，到內心創傷在敬拜中被醫治修復，過程中她深深感受神的同在與愛。她不僅在心靈層面上被信仰力量療癒，案發不到一年內，她獲得與詐騙金額相同的獎學金，還在警方協助下，成功向涉案人索賠，大大經歷神豐富的供應與恩典。

這樣的神蹟，令繁安驚異與感動。明明自己的觀點不為主流教會價值觀所容，但她卻經驗上帝不分立場、無條件的愛。抱持著不想被任何人事物（包括教會）反同的立場而隔絕人與神的愛這樣的信念，她決志受洗成為基督徒。不過，這也是她信仰歷程挑戰的開端。

找到一個能說真話的教會

在當時的教會穩定聚會後，繁安雖然藉由信仰走出人生低谷，但遇上二〇一八年全民公投的議題，仍讓她在自身立場與基督徒身分間掙扎不已。教會雖未明確表示對婚姻平權的立場，但領袖信仰教導中帶性別刻板印象的發言，與教會相對保守的氛圍，仍讓她感到不自在，難以和信仰群體交流真實的想法。

她很感謝教會讓她可以認識耶穌並擁抱基督信仰，但不同的立場和理念，始終讓彼此之間存在隔閡。她既無法對身旁大部分挺同的非信徒朋友分享福音，也難以在社交媒體上公開發表支持婚姻平權的想法，去同志大遊行也只敢低調行事。基督徒身分與個人理念兩方拉扯下，她覺得自己像被卡著了，無法動彈，也無法對自己和教會夥伴坦誠，令她十分痛苦。原本堅定的挺同立場也出現動搖，她不停尋求禱告，翻找閱讀不同性別與神學相關的資料書籍，希望神能回答，同志到底是不是罪。

後來在一場酷兒神學新書發表會上，繁安遇到同樣來自馬來西亞的同志牧師歐陽文風，跟他談起信仰上的掙扎。歐陽文風牧師對她說：「你要找到一個能讓你說真話的教會。」這句話如醍醐灌頂，讓她反思檢視自己的信仰瓶頸。她決定不再一人糾結鑽牛角尖，而是要到同志友善的教會去親眼看看，看看上帝到底如何看待同志朋友的生命。

離開初識耶穌的教會、熟悉的信仰群體，並不是一件容易的事，但第一次來到真光福音教會的主日禮拜，繁安心中盤踞已久的糾結愁苦，統統消散不見。當天，Elisha牧師的宣召經文是〈約書亞記〉3章1節說的：「我豈沒有吩咐你嗎？你當剛強壯膽！不要懼怕，也不要驚惶，因為你無論往哪裡去，耶和華你的神必與你同在。」繁安當時在教會有一位要好的姊妹，在送給她的卡片上寫下這段經文，一直貼在繁安的桌前。當牧師說出同樣經文的那一刻，繁安止不住眼淚，知道上帝透過奇妙的神蹟，給了她殷切求問的答案。

分別身分標籤沒有意義

真光福音教會歡迎所有人的理念，和性別友善的氛圍，深深吸引了繁安。一般教會會說「弟兄姊妹」，但在這裡懋禎牧師會說「姊妹弟兄」。對在意性別平等的繁安而言，這個小細節非常能體現真光在推動平權上的不遺餘力。也許在他人眼中，這不過是遣詞用字微不足道之處，但正如歧視是透過日常瑣事一再複製，要促成大家根深蒂固觀念上的轉變，也是經由微小的改變積累而成。

「當我們說這是一間歡迎所有人的教會，並不只是喊喊口號而已。」繁安指出在真光，即使有打擾神聖的敬拜講道之虞，小孩子也不會被視為不能帶進主日禮拜堂的洪水猛獸，就像耶穌從不禁止小孩子來見他，反倒大大歡迎他們。不止是小孩，會堂同時也是歡迎毛小孩的動物友善空間，與狗狗貓貓一起做禮拜是常有的事。此外，面對難以被主流社會理解的藥物使用者、精神疾病患者或跨性別族群，教會的大家也不會投以異樣眼光，而是在信仰中互相學習如何與彼此共處。真光的包容友善，令她得以突破信仰歷程中停滯的困境。

一次和教會姊妹弟兄一起接受外國媒體採訪的經驗，令繁安非常印象深刻。當時她作為教會異性戀代表，和另外兩位男同志和女同志會友坐在一起，訪問者開場時劈頭問了一句：「所以在這三人當中，誰是異性戀，誰是同性戀？」這個問題令在場眾人忍不住笑出來。因為大家在那一瞬間突然意識到，去分別身分標籤其實沒有多大意義。因為在信仰中與人與神建立關係，是異性戀還是同性戀，根本不重要。也因為曾待在位於保守和開明光譜不同端的信仰群體，她更加明白上帝不希望人任意論斷他人的心意，更能在信仰中知行合一。

從突破藩籬的愛找到歸屬感

過去面對人與人之間特質、立場或理念的不同，繁安常常不知如何應對，總是感到無所適從。但教會強調「尊榮」的文化，即不因過錯而否定對方值得肯定之處的態度，以及真光姊妹弟兄身體力行的示範，讓她學習如何以健康的心態，去看待和尊重彼此的差異。她體悟到什麼是突破藩籬的愛：不是要把每個人變得一模一樣，強行要求大家遵循單一的價值觀，而是在神無條件的愛中，去學習愛。

這樣突破藩籬的愛，讓繁安找到一直以來渴望的歸屬感。過去不管到哪裡，她都覺得自己格格不入，可能是因為身分認同或價值理念的差異，她對各種團體都感到莫名的疏離。在馬來西亞，身為想要受母語教育的華人，時時經驗到社會體制中存在的不平等；來到台灣，即使口音與本地人相差無幾，但還是覺得自己只是一個外國人，是不會久留的過客。在性別議題上，作為挺同基督徒，理智和感受更是常在洗三溫暖，身處基督徒／非基督徒的異溫層。

但真光姊妹弟兄不分差異的愛和溫暖，和教會充滿對話可能和彈性的氛圍文化，讓繁安可以誠實面對信仰、自己和他人。她終於能夠說出真心話，安心地探索與追求信仰，在靈命上更深扎根，長出可以踏出同溫層去溝通和行動的勇氣。她不再覺得自己是漂泊無根的遊子，而是不論身在何處，都能在信仰中找到歸屬。

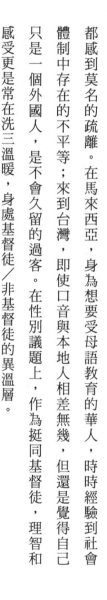

活出「行公義、好憐憫」的信仰

來到真光福音教會後，繁安親眼看見上帝在同志基督徒身上的恩典與祝福，深刻明白上帝是那一位愛無分別的神。她也被教會領袖和姊妹弟兄實踐耶穌「愛神、愛人如己」大誡命的行動感動，看見基督信仰強調「行公義、好憐憫」的價值，如何融入不同社會議題的關懷中。

從不信神的人，到成為願意跟隨耶穌的基督徒，回顧這段處處充滿恩典的歷程，繁安見證那位使神蹟發生在生命與教會當中的上帝。如今她成為真光福音教會的一分子，積極參與直播、網路等事工團隊，期許能透過跨越時空限制的線上轉播以及社群媒體的圖文訊息等媒介，傳揚歡迎所有人的福音。

自二〇一六年踏上台灣這塊土地，目睹台灣婚姻平權的進程，如何從同婚釋憲案、全民公投，到成為亞洲第一個通過同婚法案的國家，繁安雖也覺得敬佩激動，但身為異鄉學子，心中也不免有種事不關己之感，對故鄉族群、宗教與性別不平等的現況難題感到悲觀。不過，來到真光福音教會，她看見一群受神所揀選呼召的人，願意頂著各方壓力用生命去回應和行動，不是等待改變，而是選擇成為改變的人。

真光十五年間與神同工，一路走來充滿上帝的神蹟奇事與感動，也吸引更多的人一起攜手同行。這位化不可能為可能的神，直到今天也不停加添力量、賜下恩典給跟隨祂的人們，帶領繁安加入其中、採取行動，一起去相信、盼望和愛。不管是台灣還是馬來西亞，都值得擁有一個更多元友善、平等公義的未來。

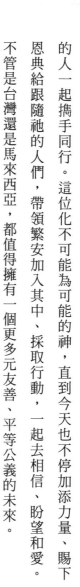

16

平權運動的好夥伴

天賦人權被蹂躪，主必關懷！

——耶利米哀歌3章35節

真光福音教會成立以來，秉持著基督信仰的核心，相信福音是給「所有人」的。沒有任何性別、性傾向、身分、族群、背景的人被屏除在外，每個生命都值得擁有尊嚴、平等的權利。

不僅如此，耶穌來到世界的目的，就是突破宗教規條、身分族群的藩籬，祂甚至推倒那座人所築起歧視的高牆，與那個時代被社會拒絕、隔離、撇棄的人們站在一起，包含妓女、稅吏、被鬼附的，以及當時被視為不潔淨的痲瘋病患。祂讓每個生命都有權利經驗上帝的慈愛與公義，進而願意效法祂，用慈愛、關顧的實際作為「入世」，將耶穌與弱勢族群同行的公義行動，同樣行在所身處的世界與國家。

因此，除了在教會內舉辦基督信仰肯定多元性別的講座、牧養關顧多元性別的基督徒之外，對外也參與每年的台灣同志遊行，使人們聽見來自基督教會不一樣的聲音，明白上帝愛所有人的好消息。多年來真光福音教會也與平權團體合作，從基督信仰核心價值「慈愛與公義」出發，致力於多元性別族群生命的關顧行動、參與台灣婚姻平權法案的推動，肯定並推動同志家庭「有愛成家」的價值。

來自夥伴們的祝福

「台灣同志諮詢熱線」、「彩虹平權大平台」（前身為婚姻平權大平台）、「台灣同志家庭權益促進會」這三個平權團體，是真光福音教會多年來實際參與在台灣多元性別族群權益推動的好夥伴。在真光福音教會十五週年之際，以下是他們對真光的感恩、祝福與勉勵。

◆台灣同志諮詢熱線——與真光並肩而行，關顧同志生命

感謝真光福音教會一直以來和同志社群站在一起，支持許多同志和同志友善的基督徒；他們也與同志團體並肩而行，為同志平權運動努力，讓台灣的基督教會有同志友善的聲音，並持續和其他教會對話。

真光福音教會對熱線來說，是長期大力支持我們、有許多合作情誼的重要夥伴。二〇一五年，熱線辦公室所在大樓發生火災，熱線面臨無法辦公、無法提供服務的窘境，真光福音教會的牧師二話不說，在我們最需要的時候伸出援手，提供場地讓熱線工作人員辦公與開會，讓我們安然度過半年的艱困時期，這樣的雪中送炭我們一直銘記在心。

真光福音教會展現基督信仰的慷慨特質，讓熱線借用場地舉辦大大小小的活

動，並號召信徒支持熱線；他們也在同志運動需要的時候挺身而出，在記者會、公聽會實踐上帝的公義，向社會傳達上帝愛同志的聲音；同時，他們也在許多同志朋友遭受創傷時，提供溫暖的愛與支持。

祝福真光福音教會成為更多同志與同志友善基督徒溫暖的家，繼續呈現基督教義的善與美。

◆彩虹平權大平台——與真光一起走過的婚權之路

在婚權倡議的工作中，總是有一些日期、一些數字、一些場景，會一直記在腦海裡，像是二〇一六年十一月十六日。

那天是婚姻平權的民法修正案終於排入立法院司法法制委員會審查，立法院外的濟南路上，有許多透過保守教會系統動員的白衣人士，集結吶喊，反對修法。充滿宗教激情的活動，最後阻礙了法案的審查。晚上，當同志團體一起在立法院外的某個角落召開記者會的時候，散場後的反同群眾對著我們干擾、叫囂；

我們沒有回擊，而是一邊流淚，一邊繼續開記者會。

那樣一個場景，刻畫的是那幾年之間，因為教會中反同的保守力量運作，在社會中散佈、渲染各種對於同志的歧視言論，對台灣造成了撕裂，對同志造成了傷害。但就是在這樣的情況之下，像真光福音教會這樣的存在，對於台灣的同志社群格外重要。

從二〇一六年十一月二十八日，大平台辦的第一場街頭活動，真光福音教會的張懋禛牧師、Elisha牧師就跟我們一起，站在第一排，對著群眾、對著媒體，傳達對於同志社群、對於平權的支持力量。之後的每一次集會，真光福音教會除了牧師們會與我們一起召開記者會、站上台前對群眾喊話，教會當中的同工也會在現場的攤位提供資訊，這些集結所傳達出來的訊息是如此溫暖：同志與基督信仰並沒有對立，如果同志是一種對彼此的愛，那與基督信仰對世界的愛並無任何衝突。

除了大大小小的街頭聲援，真光福音教會也打開教會的大門，借用平時聚會跟禮拜的場地，讓我們舉辦各種跟同志議題相關的活動，不管是議題討論的國際工作坊、倡議志工的培訓、內部的交流討論等等。真光福音教會不僅僅是用行動在支持同志人權，實踐基督信仰的精神，更是在很多具體的時刻，牧養了會眾以外的公民社群。

真光福音教會十五歲生日快樂！謝謝真光福音教會的牧師與夥伴們，在過去這幾年間，花了這麼多的時間跟力氣，接住那些受傷的人，幫我們撥開那些歧見跟仇恨，用行動彰顯基督信仰中的愛，讓靈魂在愛裡得到釋放。

◆台灣同志家庭權益促進會——與真光一同成為同志家庭安穩的家

「我們聽著牧師在台上攻擊我們的家庭，我們沒辦法接受孩子聽到那些言論，最後我們就只能離開了。」

在二〇一八年的反同公投浪潮，反同團體結合各地教會的既有網絡，在原本應該提供「愛與支持」的佈道講堂上，各地同志家庭不斷承受歧視與汙名，迫使家長帶著孩子離開教會．在不友善的社會氛圍中，友善接納所有人的真光福音教會成為同志家庭的避風港。

我們看到同志家庭自在地在真光福音教會參與禮拜，不需要掩飾自身的性傾向，也讓孩子們感受真正的愛與接納，因為真光福音教會是接納所有人的教會，所以許多異性戀家庭也在教會中看見多元性別家庭的存在，讓性別平等價值落實在教會之中。

在同家會（台灣同志家庭權益促進會）的網站中，我們邀請真光福音教會分享為什麼支持同志家庭，當時真光福音教會非常清楚明瞭的告訴我們：「我們相信『有愛成家』，家庭不是單單建立在異性戀或是血緣關係，而是建立在『愛』的價值。」

在愛當中，不論什麼性傾向的家庭都被真光福音教會溫暖地接住，不論是在教會裡，在支持婚姻平權的集會遊行中，我們都可以看見真光福音教會的旗子，在同志家庭需要的時刻，穩定的存在與陪伴就是最直接與溫暖的支持。

從二〇二一年開始，同家會也在真光福音教會的邀請下，使用真光福音教會的場地舉辦會員大會。起初不了解真光的家長，看到會員大會的場地竟然是在教會，非常訝異的詢問組織：「原來有教會是支持同志家庭的！」

長年以來，由於對於推動婚姻平權法案的立場相異，台灣基督信仰群體與多元性別群體面臨嚴重的撕裂與對立，在此之中的「同志基督徒」更是面臨多重弱勢的困境，不僅在信仰中成為難民，在性別認同的歷程中，原先仰賴的信仰社群卻成為傷害自身的加害者。如何修補群體間的創傷，或許不是仰賴單一友善教會可以復原，但真光的存在卻是修復的曙光，期待真光福音教會可以邁向下一個十五年，共創友善同志生養的社會。

謝謝真光福音教會的存在，讓同志家庭看見基督信仰的愛與溫暖。

共創慈愛、公義、友善共融的世界

在平權運動中，有「台灣同志諮詢熱線」長期對同志、多元性別生命的關顧與倡議，甚至到教育現場進行消除歧視、尊重多元的演講；也有「彩虹平權大平台」（前身為婚姻平權大平台），是促進台灣婚姻平權法案通過的重要民間推力，更在法案通過後繼續為建立同志友善的社會努力；還有「台灣同志家庭權益促進會」，為想成家的同志家庭爭取平等的權益，在收養與人工生殖的法案上，持續為同志家長與孩子們奮戰倡議。縱使在推動的過程中，面臨台灣教會保守勢力各樣的刁難而時常經歷挫敗，卻仍然在運動中看見他們對平權運動堅毅不拔、努力奮戰的精神。

「總是在這些平權團體的行動中，看見一群人毫無畏懼、不輕言放棄地實踐耶穌在做的——就是堅持與需要的人們站在一起、為他們奮戰！」收到平權團體的祝福與勉勵，Elisha牧師感動地說道。

張懋禛牧師也表示，多年來同志社群和社會大眾因看見教會反同，而對基督信仰產生誤解和敵對，甚至會出現「基督教是邪教」等情緒性字眼。「我可以理解大家的反應，因為反同教會做的實在太過分了！但也要很感謝平權團體在跟社群和社會溝通過程中，經常會傳遞『反同的不是基督教，而是保守的教會』的訊息，降低社會與宗教衝突。這樣的寬宏大量，何等有宗教情操。」

「天賦人權被蹂躪，主必關懷！」這句出自舊約聖經的經文，印證基督信仰是關顧世人的信仰。從上帝以慈愛與信實帶領以色列人離開被奴役的埃及地，以及在律法中設下照顧寡婦孩童、弱勢者、社會邊緣人的命令中，我們可以窺見祂關懷人類受欺壓、困苦的處境。上帝在乎人類的價值與尊嚴，平權的未竟之業，相信祂必繼續保護每個生命得以擁有平等的人權，看顧真光福音教會與所有平權團體，在合作同工之中，共創慈愛、公義、友善共融的世界。

附錄

更進一步了解真光

01

錢不夠，怎麼辦？

——真光經歷財務神蹟的關鍵與故事

張懋禎牧師

先坐下來精打細算一番

「教會」這個詞源自希臘文Ecclesia，意思是「集合」或「受呼召的人們」。因此，教會不是單指一座教堂或某個地點，而是一群接受耶穌為救主的基督徒之聚集，是一個信仰群體，同心敬拜上帝、彼此相愛、傳揚福音、服事世界。要開始一個信仰群體很簡單，只要一群有共同信仰理念的人願意聚在一起，或邀請人加入就行；這樣的信仰群體，不論人數多寡，都可稱為「教會」。但若要建立一間能「健康成長、永續發展」的教會，就沒那麼簡單。其中，「錢」是最現實的事。

基督徒談「錢」一點都不俗氣，教會談「錢」也是一種負責任。聖經中有不少關於金錢觀和經濟公義的教導，耶穌也曾拿財務舉例：

有許許多多的人跟耶穌一起走。耶穌轉過身來對他們說：「到我這裡來的人要不是愛我勝過愛自己的父母、妻子、兒女、兄弟、姊妹，甚至於他自己，就不能作我的門徒。不願意背起自己的十字架來跟從我的，也不能作我的門徒。你們當中有誰想蓋一座高樓，不先坐下來精打細算一番，看看有沒有完成全部工程的費用？否則，恐怕地基奠好以後，樓房無法完成，看見的人都會笑話他，說：『這個人開工建造，卻不能完工！』……同樣，你們無論誰，若不放棄所有的一切，就不能作我的門徒。」（路加福音25:30; 33）

耶穌事先提醒許多跟他一起走的人——這些人最終沒有全都成為他的門徒（參約翰福音6章66節「他門徒中有很多退卻了，不再和他同行」），作門徒需要付上代價。要建立一間能健康成長、永續發展的教會，更是如此！

真光福音教會開拓的第一筆資金，是我自己先付上的。當時我其實沒怎麼精打細算，就把僅有的資產二十萬全投入。如今回顧，我明白耶穌所講的，**他要人做的精算**不是精算錢，**而是要思考清楚：自己是否有願意「放棄所有一切」的準備？**

我很感恩上帝當時呼召了我和Dennis，也很感謝當時的我們，沒有精算錢，只有願愛神。而就在願意後，真光的財務，從一開始的不足與負債、到逐漸打平、如今有結餘，十五年來經歷許多挑戰，卻也因此一直經歷神蹟。特別在教會幾次搬遷過程中，我們更清楚看見神的作為、經驗上帝超自然大能。我知道這些都不是偶然的，因此整理出真光之所以能得著經濟神蹟的幾個思維和做法，伴隨分享不同歷程的神蹟故事。

經歷財務神蹟的關鍵

在沒有教派或母會財源支持下，開拓教會一定要考慮錢，但這並非唯一要考量的事。因為不論是個人或組織，面對金錢的態度、管理運用的思維，比有沒有錢更重要。而教會要能健全發展，專業的財務規劃與負責的執行是必要的，我們至今仍在學習與精進中。以下是我認為真光能經歷財務神蹟的幾個關鍵。

◆領導團隊以身作則

「愛的真諦」裡有兩句話「不求自己的益處」、「不喜歡不義只喜歡真理」(哥林多前書13章5-6節)，我們開拓教會的初衷就是為了彰顯和傳揚耶穌的愛與公義，不是意氣用事也不是為自己圖利，因此在財務上也始終提醒自己要堅守這原則。首先，我們不求個人財務上的利益、一切以教會財務衡量為優先。

真光二〇〇八年一月六日在我和Dennis的板橋租處第一次聚會，小小的客廳不到一個月就坐滿了。Dennis 鼓勵我要開始找外面的地方聚會，我們也受上述〈路加福音〉經文的啟發，思考教會如何發展、需要哪些資源，把初期計畫擬出來：

- 三月分在台北市區承租一個交通便利、能容納約三十人的地點，當穩定聚會達三十人後，就可以成立教會，並籌組正式協會。
- 初期資金完全由張牧師負擔，牧師也不領薪資。但開始教導鼓勵什一奉獻，以作每月租金使用。計算起來，只要一人什一奉獻三千元，十名會友就能夠支付一個月三萬元的租金。
- 張牧師二〇〇九年七月在台灣基督長老教會總會研究與發展中心的四年任期將屆滿。八月後真光開始聘請張牧師，全職牧養會友、帶領教會宣教。

基於愛與公義、和一切以教會財務為優先的原則，我向當時的會友表達，若他們願意讓我牧養帶領他們，只要照我在長老教會的月薪聘我就行，其他獎金和福利都不用。而Dennis幾乎全職投入教會事工，但完全不支薪，就這樣十三年多。

幾年後因應教會發展與專業分工，真光聘請行政經理Vivian，她體諒教會財務實況，從一個月只領幾千元的車馬費，到幾年後仍願只領當時最低薪資。二〇一五年七月底Elisha牧師封牧後，她願意接受偏低薪資受聘為教會第二位牧師。

我非常感激Dennis、Elisha牧師、Vivian願意跟我共患難，以創業心態開拓建立教會，並忠心什一奉獻做榜樣。這幾年，感謝教會社團法人協會的理監事和會員大會，基於公義的原則逐步將教會受薪人員薪資與福利正常化。也感謝每一位在社會上都是專業人士的教會服事者，不求個人財務利益，投身真光福音教會的各項宣教工作。

其次，我們在財務管理上正直有紀律。這部分我要感謝在本書〈真光的第一場婚禮〉裡提到的S先生。S先生不僅用他的專業陪伴真光度過好幾年的財務艱困，甚至每一年都幫教會製作財務報表、進行財務分析、提供專業建議，幫我們在財務管理上符合政府法規、提升透明度；最重要的是他教導我們在編預算和收支上要有紀律。在S先生的高標指導下，真光各事工團隊多年來不論在財務、人事、工作文化等領域，都建立起正直、透明、當責的思維。感謝十多年來S先生對教會的協助和關照與佑群忠心的什一奉獻和服事，他們一家大小是上帝給真光超越所有所想的神蹟！

◆以異象和見證感動人

教會若要能真正的健康成長、永續發展，絕對無法靠宗教人為勢力操控人心或道德威嚇。真實的信仰力量和生命見證，一定能感動人自發追求靈性生活健全成長；符合上帝旨意的異象和服事者效法耶穌的僕人式領導，一定能讓教會成員渴望教會成長。

Elisha牧師二〇〇八年還在讀大學，受到上帝給真光的異象感動，自告奮勇為教會找到林森南路上一個空間，三月我們就搬入這個地點。當時我付兩個月押金和第一個月房租、買折疊椅和音響設備後就沒多餘的錢。眼看第二個月房租繳款日逼近，但教會奉獻仍不足三萬。我的焦慮感愈來愈大，每天都為教會房租禱告、想辦法，有點不知所措。Dennis看在眼裡除了心疼，也只能禱告交託給神。

就在房租繳款日前一晚，我在房間禱告，求上帝神蹟般的供應。一個多小時的敬拜和跪下痛哭流涕禱告，我對神說：「如果真光真的是你要我們去開拓的教會，請祢一定要幫助我！」後來，有一股很大的安全感進入我心裡。我似乎聽見上帝說：「我會幫助你。」走出房間的我去打開公寓大門，Dennis問：「你在做什麼？」我說：「我要看神有沒有派人把一袋錢放在門口？我曾聽過非洲宣教師分享他們沒食物吃，結果在門口發現一袋食材。」

當然，最後沒有一袋錢出現在門口。我些許沮喪走回房間，查email時收到一位朋友來信：「懋禛，我今天禱告後有感動要奉獻一筆錢給真光，我已轉三萬元給你，請查收。」我簡直不敢相信，上帝真的神蹟般供應了真光下個月的房租！

這個財務神蹟激勵了當時真光的姊妹弟兄，大家清楚看見上帝的作為、親身經歷上帝的真實，於是每個人開始穩定什一奉獻。從再下一個月開始，真光就從未在所需付的房租上短缺過，不論租金是三萬、十多萬、二十多萬。

一年後真光聚會人數穩定二十多人，為提供更寬廣的聚會空間，也特別為發展兒童事工的異象，Dennis和我邀請會友一起想像、禱告，訂出下個地點的條件：交通便利、明亮寬廣、專業感、有數個獨立空間。照這些條件，所需坪數會讓租金超過十萬。加上聘牧計畫，教會每月基本開銷就會超過十五萬。當時我們的存款也就只有二十多萬，要搬遷根本不可能。該如何抉擇？我們帶領大家禱告、思考到底要不要為上帝國福音和真光異象，跨出超自然信心這一步。

Elisha牧師再次扛起尋找新地點的任務，最終找到一個很棒的空間，在中山北路和市民大道交叉口、台北車站附近的一棟專業辦公大樓。十四樓的視野明亮寬廣、能看見台北一〇一，五十多坪也能隔出四個大小不同的空間，所有條件都符合禱告訂下的條件，唯一的考量就是房租近十二萬。我和Dennis與Elisha牧師約好一天去跟房東洽談，前一晚我再次跪下禱告，求神給我們清楚的確據：「要不要憑信心承租這個地點？接下來的經費該怎麼辦？」隔天我隨手帶銀行存摺出門，想不到這舉動，竟跟接下來要經歷的神蹟有關。

在路上我收到一則國外的電話簡訊，來自曾拜訪過真光的澳洲友人。她說電匯了一筆奉獻要給真光，請我確認。於是我們順道經過銀行刷存摺，的確有筆二開頭數目的匯款。「她奉獻兩萬元耶，好感動！」我說完又重新計算二後面零的數量。驚覺「不是兩萬，是二十萬！」三人簡直不敢相信，上帝再次因我們願意為廣傳福音擴大聚會地點而賜下神蹟。這二十萬，剛好可以支付近兩個月的押金！我們於是跟房東洽談，在租金和免租裝潢期有很好的共識，幾天後正式簽約。

又一次的財務神蹟給我們更大的激勵，真的在人不能的，在上帝都能！而簽約前我也在禱告中想到，可以試著跟一位會友和兩位會友的家人進行每人五十萬的無息貸款，希望他們能資助真光的異象與宣教決心。這位會友和兩位家長受到上帝異象和真光見證的感動，第一時間就答應，甚至沒要求何時償還。

這一切大大感動更多會友穩定什一奉獻，大家同心跨出信心的一大步，在二〇〇九年九月搬進更寬敞、更專業、更有異象感的新地點，真光正式升格教會並成立協會、聘我帶領教會宣教和成長。真光福音教會在中山北路與市民大道交叉口的會址聚會到二〇一四年四月，人數成長到八十多人。期間一百五十萬的無息借貸全部還清，真光也差派了兩位宣教師到加拿大蒙特婁建立教會。

◆會友懂得感恩

隨著教會人數增加、不同事工與宣教拓展，加上房東預告將漲房租，二〇一三年中我與當時核心團隊決定開始找尋更大空間。最大異象就是要提供更多空間給不同事工——特別是兒童宣教。此時符合目標的空間需要超過一百坪、租金超過二十萬，教會搬遷與財務壓力再次湧上心頭。但有了之前財務神蹟的經歷，我相信上帝一定會幫助供應真光所需。然而，這次搬遷過程卻充滿更多挑戰。

愈來愈多的會友和同工讓教會決策上需要更多溝通協調，有些會友對教會搬遷與未來所需經費感到不安，影響到什一奉獻和教會搬遷募款計畫。但同時，也有會友持續受到真光宣教異象和多年累積的見證所感動，比過去更委身服事和奉獻。在辛苦尋遍台北各地後，二〇一四年五月我們成功搬進南昌路一棟住辦大樓，一百多坪的空間讓福音工作的發展充滿各種潛力。

但沒想到，好幾次聚會鄰居抗議聲音太大、向市府申請裝潢許可流程費時預算龐大、大樓管委會顧慮太多陌生人進出大樓要求我們搬走……等等，這些事都讓我極焦慮心神不寧。但就在這些壓力和重擔中，我們唯一的依靠、最大的安慰者就是耶穌，教會不間斷的週四晚上禱告殿與Dennis也成為我最大的支柱。

最終，管委會奇蹟似站在我們這方，質疑房東將該層租給教會使用的決策。房東最終跟教會解除租約，把押金、租金、仲介費等數十萬全數退給我們，並免費讓真光使用他們企業總部會議中心舉辦該年七月底的「GO！特會」。而搬到南昌路後真光的一位姊妹，也成為接下來一年教會再次搬遷過程中上帝供應各項財務神蹟的重要管道。我們感謝主也謝謝她。

從搬進南昌路後又遷出，加上接下來八個月教會租借台大集思會議中心聚會，這段動盪期真光會友流失不少。但也就在這過程中，我們看見懂得感恩的會友在教會宣教、健全發展、財務上扮演關鍵角色。他們常用感恩思維和行動回應人生與教會面對的各種挑戰，知道上帝透過耶穌和教會拯救和牧養他們，所以甘心樂意付出時間心力參與服事、擺上奉獻投入教會宣教。我滿心感激這些與真光共度過去十五年每段艱辛時期的教會家人，他們是上帝神蹟的成就者！

追求上帝主權的實現

上帝運用這些看似不好的事，堅定給真光的異象與應許，也確認我們是否依舊願意付上代價。很多我們當下看不見的事，其實祂都早已預備。二〇一四年八月當我們開始在集思聚會時，我得知大安長老教會搬入新蓋好的教會大樓，舊禮拜堂尚未有人承租。

感謝我爸媽和叔叔的牽線、感謝當時大安教會羅牧師與決策團隊，真光福音教會順利簽下十年租約。由於舊大樓屋齡超過三十年，所以也開始數個月的整修工程。過程中上帝繼續賜下一個接著一個的神蹟，其中包括安排正直專業的工程總監與師傅團隊，好幾百萬的工程與所需硬體等費用全數由真光人的金錢奉獻得以完工。

真光福音教會財務上的神蹟，有許多細節因篇幅有限無法詳細記載，但上帝親自向我們證實，祂是滿有憐憫、恩典、信實、全能的神，祂願意支持傳揚上帝歡迎所有人、肯定多元性別、行事效法基督的教會。因為耶穌說：「所以，不要為吃什麼、喝什麼，或穿什麼操心；這些事是不信的人所追逐的。你們的天父知道你們需要這一切東西。你們要先追求上帝主權的實現，遵行他的旨意，他就會把這一切都供給你們。」（馬太福音6:31-33）

02

真光宣教大事紀——神蹟永不止息

你以恩典為年歲的冠冕；你的路徑都滴下脂油。

——詩篇65章11節

「宣教」的拉丁文意思是「差派」，宣教神學用Missio Dei（上帝的宣教，The Mission of God）說明宣教是上帝主動的作為，揀選個人、教會或群體參與祂拯救世界的行動。

當初，耶穌基督在世上宣揚的是「上帝國（天國）的福音」，並將這使命傳承給所有相信和跟隨他的人，因此教會存在之目的是為了投入「上帝國的宣教」。上帝國的宣教和人生活的所有領域相關連，並包含從個人、社會、到整個世界不同層面；上帝國的福音關懷人的身心與靈魂，也關切人類社群和整個受造界。

真光福音教會參考台灣基督長老教會，推動與實踐「整全宣教六面向」：傳揚與見證福音、培育上帝孩子、關懷受造界、社會改造、愛心服事、福音與文化對話。以下簡要記錄真光十五年來豐富且多元的宣教行動。

二〇〇八年

- 1月6日　第一場主日禮拜於張懋禛牧師與Dennis板橋公寓客廳舉行，聚會人數6人，教會草創時期命名為「真光福音中心」。
- 3月　搬遷至台北市林森南路上捷運中正紀念堂站附近、約30坪的兩層聚會地點，約可容納25人。一樓為交誼廳與禮拜堂，地下室為小組聚會空間。
- 8月　來自美國的宣教師Lorri和Miko因工作外派來台，支援張懋禛牧師開拓教會，為期兩年。
- 9月28日　舉辦「活出你的驕傲」生活講座：職場現身小撇步、彩虹家庭不是夢。

● 12月底　舉行「星光奇蹟」聖誕福音晚會、「哈囉09」跨年福音晚會。

二〇〇九年

● 3月　開始提供「養育系統」與「另一個圓」伴侶關係課程。相關信仰課程一直不間斷、持續進化發展、造就基督門徒至今。

● 4月20日　於西門町紅樓舉行「繽紛復活節」福音茶會。

● 7月18至19日　主辦「Arise & Shine興起發光挑戰特會」，來自美國、日本、台灣等地基督徒近五十位齊聚，18日晚上舉辦「仲夏夜之夢佈道晚會」。

● 9月　搬遷至台北市中山北路上台北車站附近約60坪地點，規劃出交誼區、禮拜堂、親子室、辦公室等，約可容納80人。

● 9月27日　社團法人台灣真光基督教協會成立，教會正式命名為「真光福音教會」。

● 12月底　舉行聖誕醫治預言福音禱告會、「你很特別」聖誕戲劇福音晚會。

二〇一〇年

● 1月29日　舉辦True Light Bar福音活動。
● 3月7日　開始提供「台灣同志諮詢熱線」講座、會議、培訓等活動場地。
● 4月12日　「應許者基督徒行動聯盟」成立，以整合認同LGBTQI+的基督信仰力量與資源，當晚舉辦《為巴比祈禱》電影試映募款晚會。
● 4月24日　為會友佑群和S先生舉行真光第一場婚禮，且是異性配偶婚禮，當天成為兩方非基督徒家族美好的祝福。15年來真光兩位牧師陸續用耶穌的愛和分享福音的心，為異性、同性、跨性別等伴侶證婚。
● 7月14至16日　主辦「Breakthrough突破挑戰特會」，國內外近百人參加。
● 10月30日　以「應許者基督徒行動聯盟」參與第八屆台灣同志遊行。
● 11月15日　台灣同志遊行聯盟主辦、真光福音教會協辦「與彩虹有約——給同志選民」政見發表會，包含蕭美琴等多位不同黨派政治人物參與。

- 11月19日　舉辦「寫給上帝的信」電影福音趴。
- 12月底　舉行「讓愛飛起來」聖誕福音晚會、跨年敬拜晚會。

二〇一一年

- 1月　開始兒童宣教事工，透過說故事、品格教育、肢體與藝術活動等，服務不同型態的家庭。此事工一直不間斷進化發展、持續祝福兒童與家庭至今。
- 2月至3月　舉辦四場「豐盛理財」福音講座。
- 4月30日　參與環保團體所發起的「向日葵」反核遊行。
- 6月　張懋禎牧師和Dennis前往馬來西亞吉隆坡短期宣教。
- 7月15至17日　主辦「Victory得勝挑戰特會」，國內外近百人參加。
- 8月　張懋禎牧師和Dennis前往巴西聖保羅短期宣教。
- 10月　張懋禎牧師和Dennis、Elisha牧師與幾位同工前往美國加州長灘和德州休士頓短期宣教。

- 10月29日　以「應許者基督徒行動聯盟」參與第九屆台灣同志遊行。
- 12月底　舉行「聖誕沙發音樂福音派對」、跨年敬拜晚會。

二〇一二年

- 4月7至8日　舉行「復活節先知性街頭佈道」訓練與福音行動。
- 6月　張懋禛牧師前往香港短期宣教。
- 7月29至31日　主辦「Glory榮耀挑戰特會」，國內外近百人參加。
- 10月29日　以「應許者基督徒行動聯盟」參與第十屆台灣同志遊行。
- 12月底　舉行「LIFE OF J輕搖滾聖誕福音音樂會」、聖誕夜先知預言特會、跨年福音派對。

二〇一三年

- 2月24日　舉行「重新思考零核電」講座。
- 3月　張懋禎牧師和Dennis前往馬來西亞吉隆坡短期宣教。
- 3月3日　舉行「樂生全台巡迴講座：發展、謊言、樂生願」真光場。
- 5月　張懋禎牧師和Dennis、同工Vivian和泡泡前往澳洲墨爾本短期宣教。
- 7月26至28日　主辦「LOVE愛挑戰特會」，國內外近百人參加。特別安排福音行動工作坊，到動物園為動物、上街為群眾進行禱告祝福。
- 8月　舉辦「愛心公益卡通音樂會」，提供弱勢孩童能免費進音樂廳欣賞古典音樂之機會，得到有夢最美、逐夢踏實的價值觀，與正面人生的教育內涵。
- 10月23日　主辦「國際同志平權工作坊」，財團法人民主基金會協辦。
- 10月26日　以「應許者基督徒行動聯盟」參與第十一屆台灣同志遊行。
- 11月18日　差派小嘉和豆豆到加拿大蒙特婁宣教，建立THE WAY CHURCH。
- 12月底　舉行聖誕夜先知性福音晚會。

二〇一四年

- 5月1日　搬遷進台北市南昌路新地點，約一百多坪，可容納約一百五十人。但因同棟住戶與管委會向房東反應不可租借給教會，於七月底搬離。
- 7月25至27日　由南昌路地點房東免費提供的企業大樓訓練中心主辦「GO!國際挑戰特會」，國內外近百人參加。
- 8月　開始租借台大集思會議中心舉行主日禮拜、承租台北大安長老教會位於四維路的舊禮拜堂並啟動為期半年的裝修工程。
- 11月29日　主辦「愛心公益卡通音樂會」：關懷愛滋兒公益音樂會。
- 12月底　舉行聖誕夜預言醫治福音晚會。

二〇一五年

- 5月18日　舉行世界反恐同日「愛裡沒有懼怕」講座。
- 5月24日　四維路禮拜堂整修工程在三月完工後遷入新地點，於今日舉行新禮拜堂落成感恩禮拜。

- 5月30日　參與Pink Dot園遊會。
- 6月　張懋禛牧師和Dennis前往中國上海短期宣教。
- 7月　出版《上帝的同志計劃》一書，提供同志相關聖經研究最新資訊。
- 7月12日　舉行「東南亞移工與新住民戲劇與攝影工作坊」。
- 7月24至26日　主辦「FREEDOM自由國際特會」，國內外近百人參加。
- 7月26日　歷經七年的培訓與實習後，Elisha接受封牧成為真光第二位牧師，正式投入牧養與宣教工作。
- 8月16日　舉辦「華人同志社群宣教神學與實踐」研討會。
- 9月2日　租借一樓瑞典區空間給「台灣同志諮詢熱線」作為臨時辦公室。
- 10月4日　舉行第二屆酷兒影展「影展搶先看」福音活動。
- 10月31日　以真光福音教會名義參與第十三屆台灣同志遊行。
- 11月29日　舉行「友善帕斯堤朋友生命群體之建立」講座。

● 12月13日　協辦「愛心公益卡通音樂會」：關懷弱勢兒公益音樂會。

● 12月底　舉行平安夜燭光福音禮拜、聖誕璀璨感恩福音晚會。

二〇一六年

● 5月10日　協辦二〇一六港台性別神學交流活動之新書發表會和「性別平權路與港台二地的民主運動」座談會。

● 7月24至26日　主辦「MIRACLE神蹟亞洲特會」，國內外近百人參加。

● 9月24日　參與台北市同志公民運動——行行同志做自己彩虹早餐趣、路跑擺攤活動。

● 11月13日　協辦「愛心公益卡通音樂會」：慢飛天使公益音樂會。

● 11月28日　擔任主辦單位之一並參與「相挺為平權，全民撐同志」第一次與第二次（12月26日）公聽會青島東路場外集會。

● 12月10日　擔任主辦單位之一並參與「不再讓生命逝去，為婚姻平權站出來」

凱道二十五萬人集會活動。

● 12月底　舉行歡慶聖誕感恩福音禮拜。

二〇一七年

● 6月25日　舉行「與雙性人朋友一起同行」講座。

● 7月28至30日　主辦「ALIVE活力國際特會」，國內外近百人參加。

● 10月　張懋禎牧師和Dennis前往馬來西亞吉隆坡短期宣教。

● 10月27日　Elisha牧師受邀於「東亞同志運動與保守勢力」工作坊引言。

● 11月19日　與美國宣教機構EMI合作開拓新教會，前往台中同志遊行擺攤。

● 12月16日　為台灣同志與愛滋平權運動先驅「多多」巫緒樑弟兄舉行追思禮拜，近百位親友、社會人士、平權團體夥伴參與。15年來真光都用耶穌的愛和分享福音的心陪伴好幾個家庭送別家人、主持喪禮或舉行追思會。

● 12月底　舉行聖誕福音見證午會、跨年火鍋福音趴。

二〇一八年

- 5月3日　Elisha牧師受邀參加Hong Kong Women Christian Council舉辦的港台女性主義神學直播訪談。
- 5月26日　參與台北市同志公民活動「國際家庭日華山草地園遊會——家家好家、有愛成家」擺攤。
- 8月　與美國宣教機構EMI合作至台中開拓新教會，「發現使命福音中心」正式成立，提供每月福音聚會與牧養關懷行動。
- 8月26日　舉行電影福音行動：「她的錯誤教育」映後座談——解構前同志與後同志的迷思。
- 8月29日　張懋禛牧師和Elisha牧師出席「三個不同意，幸福OK」記者會。
- 7月27至29日　主辦「真光十週年Transformation轉化國際特會」，國內外一百多人參加。
- 10月21日　主辦「信心、希望、愛與平權」公投講座。

- 10月27日　參與第十六屆同志遊行。
- 11月4日　舉辦「公投期間挺同社群情緒支持工作坊」。
- 11月18日　參與「為愛返家——搭上幸福特快車音樂會」記者會與擺攤活動。
- 11月27日　舉辦「與HIV共存七年——信仰故事分享會」。
- 11月28日　公投夜前往婚姻平權大平台、二二八和平紀念公園安慰挺同社群。
- 12月底　舉辦「家」聖誕福音午會。協辦「中華民國身心障礙者藝文推廣協會」台灣第二十一屆視障藝術季——聽一首時光的歌。

二〇一九年

- 3月11日　張懋禛牧師受邀出席「印太地區保衛宗教自由公民社會對話」會議，並有機會與時任美國宗教自由大使於會後閉門會議中對談。
- 5月14日、17日　參與婚姻平權法案協商表決記者會。
- 7月　建構直播影音系統，升級擴展網路世界宣教行動。

- 7月26至28日　主辦「Throne Room 聖殿亞洲特會」，國內外近百人參加。
- 9月　開始「身心靈整全中心」，提供身心靈關顧相關課程、成長團體、讀書會等社會服務，此事工為期兩年。
- 10月　Elisha 牧師、張懋禛牧師和 Dennis 前往美國加州短期宣教。
- 10月6日　擔任二〇一九台灣同志遊行協辦單位，主辦「基督徒參與婚姻平權運動之回顧與展望」分享會。
- 10月26日　參與第十七屆同志遊行，並出席遊行記者會發言。
- 12月1日　主辦「世界愛滋平權講座」。
- 12月底　舉辦聖誕福音午會。

二〇二〇年

- 1月30日　制定 Covid-19 防疫措施、開始提供疫情期間牧養與宣教行動。
- 5月　籌組 YouTube 頻道福音團隊，錄製更多樣的信仰與福音影片，單元包括「真情見證」、「真相大白」、「真光出任務」、「牧師真心話」……等。

- 8月　因宣教神學與教會觀的不同，與美國宣教機構EMI停止合作。
- 10月31日　參與第十八屆同志遊行。
- 12月底　舉行歡慶聖誕福音午會、Dear Jesus Night福音詩歌電音Party。

二〇二一年

- 3月8日　透過Youtube與實體方式進行國際婦女節線上宣教行動。
- 5月7日　協辦由台灣動物社會研究會主辦之「與人畜共通傳染病省思人類與動物的關係」講座，主講人為陳建仁先生（前副總統、現任行政院長）。
- 6月19日　參與「彩虹來照路，做伙逗熱鬧」家庭國際日線上集會。
- 5月至8月　Covid-19疫情嚴峻暫停實體聚會，維持線上主日禮拜、週四Heaven Come敬拜禱告殿，並開啟「防疫期間每日線上牧養行動」。
- 10月　擔任第十九屆同志遊行協辦單位並參與遊行，同時主辦「基督徒同志的過去、現在和未來交流分享會」。

- 12月底　舉行平安夜先知性預言禱告福音聚會、歡慶聖誕福音午會。

二〇二二年

- 3月4、6日　主辦「時代革命」電影包場福音活動與映後分享交流會。
- 5月20至21日　參與Q-Power Festival擺攤活動。
- 6月5日　聖靈降臨節「新的靈，新的心」——撒母耳學院異象啟動主日。
- 8月5日　主辦「喜悅：達賴喇嘛遇見屠圖主教」電影包場福音活動。
- 9月13日　張懋禎牧師受邀出席「印太地區宗教自由論壇」，並於一場會議中發表演講。
- 10月　擔任第二十屆同志遊行協辦單位並參與跨性別遊行、同志遊行，同時主辦「跨越的愛——跨性別講座」同志遊行系列活動。
- 11月至12月　舉辦「聖誕333福音行動」：包括協助咪可思關懷流浪動物協

會擔任擺攤志工與中途餐廳志工、「神愛世界」淨山活動、「人權有你更有力——特別邀請李明哲」講座、國際特赦組織「寫信馬拉松」人權路跑。

● 12月底　舉行歡慶聖誕福音午會。

二〇二三年

● 1月28日　於OneTen食分之一餐廳舉行「鴻兔大展，如鷹展翅——新年先知預言服務」福音行動。

● 3月至4月　舉行「興起！福音戰士！14天禁食禱告行動」。

● 4月8日　舉辦「紀念耶穌受難捐血福音行動」。

● 4月21日　舉辦世界地球日「真光愛世界電影欣賞會」，教會包場觀賞「守護黑面琵鷺」紀錄片。

● 5月　參與台灣動物社會研究會「讓母雞自由，廢除格子籠」線上簽署宣言倡議行動。

- 7月　出版《成為神蹟，你也可以！》一書。
- 7月28至30日　主辦「Thrive繁盛國際特會」，期間舉辦新書分享會。

真光福音教會「上帝國宣教」的行動將持續下去！

03

感恩見證集

耶穌拿起五個餅和兩條魚，舉目望天，感謝上帝，然後擘開，遞給門徒，門徒就分給群眾。大家都吃，而且都吃飽了。門徒把剩下的碎屑收拾起來，裝滿了十二個籃子。

——路加福音9章16－17節

如果要說上帝行神蹟不可缺少的關鍵法則，我們認為是「感恩」。在聖經中著名的見證故事之一——耶穌以五餅二魚餵飽至少五千人，祂在行這個神蹟前的第一個行動便是「感謝上帝」。透過耶穌向上帝獻上感謝、接著門徒們以信心的行動分享食物，帶來信仰群體一起親身經歷倍增的超自然神蹟。

在真光福音教會十五年來，「感恩」一直是我們重要的文化之一，它幫助我們在多變的世界中定睛於上帝的慈愛，在紛亂的生活中停下來數算上帝的恩典。在一次又一次的感恩中，持續擴張我們對上帝信心的境界，不斷與祂一起打開神蹟之門，不論在生命、伴侶與家庭關係突破的神蹟、教會財務祝福的神蹟、教會地點搬遷的神蹟、參與社會平權與公義推動的神蹟……等，見證上帝信實的慈愛與大能。

在神蹟與感恩的交織中，使我們成為在上帝面前謙卑的信仰群體，更加堅定在個人生命、教會服事、福音工作上繼續與祂同工共創慈愛與公義的世界。

以下是來自世界各地的真光人真實經驗上帝慈愛與拯救的感恩見證。他們當中有學生、有上班族、有社工師、有YouTuber和演員、有辛苦撫養孩子的單親媽媽，除了台灣人之外，也有來自香港的會友。他們的年齡、身分、性向、職業各自不同，相同的是他們都在真光與耶穌親密連結、找回自己的價值，也得到信仰行動力，活出健康、熱情、豐盛並有盼望的生命。

我們希望在這裡，將這些生命轉化的感動與見證傳達給每一位讀者。「見證」

在聖經原文其中一個意思是「再做一次」，願這些感恩見證不僅成為你生命的亮光與祝福，並領受上帝在你生命「再做一次」的神蹟大能！

見證分享

在以前的教會聚會時，我選擇定睛在人不在神，導致過程中遇到情緒的低潮，即便有家人和朋友的代禱，我仍然選擇把自己關起來，甚至是停止聚會，等狀態恢復再回去。這樣的惡性循環並沒有讓我跟神的關係更靠近，反而因為婚姻平權的關係，迫使最後一根稻草被壓垮，讓我不得不離開教會。

在這之後，雖然我沒有再另外尋找教會，也感覺跟上帝漸行漸遠，但神的能力總是這麼的奇妙，不定時的在我身邊擺放了各種信仰的人事物，彷彿提醒我「孩子，該回家了！」

當我決定再一次回到教會之後，我開始學習把目光放在神的身上，努力穩定聚會、靈修、每日禱告。直到現在，我仍持續穩定聚會，更享受在禱告殿中，全神貫注來向上帝敬拜、讚美，也勇敢地大聲開口向神來表達我內心的渴慕。特別是我改變了禱告的方式，不再是我希望得到什麼，而是期待上帝能帶領我走向祂所為我預備的道路。

謝謝真光福音教會讓我慢慢地找到我自己，更讓我知道上帝創造每一個人本來就是獨一無二的，不需要羨慕別人所擁有的，因為上帝給予我們每一個人的都是獨特並超乎所求所想的。

——Cool

二〇二二是值得感恩的一年，其中我特別想要感恩的有兩件事：

首先是和教會一起參與同志大遊行的活動——這原本是我很反感且抗拒的

一件事，但當我聽到 Dennis 說：「上帝也是一位會走入人群需要的上帝」，改變了我對參與同志大遊行的看法與動機。今年是我第一次參與其中，還站在最前面揮舞著真光的旗幟。

第二件事就是開始參與教會每週四晚上的敬拜禱告殿。有一次在敬拜禱告的過程中，我聽見神對我的心說話：「如果你覺得我已經給了你一個奇蹟似的恩典，那我還要給你更大的恩典」，當下我立馬流下感恩的眼淚，感到深深的被神的愛包圍。沒想到隔了幾天，我就接到經紀人的訊息，跟我說2個月前試鏡的影集角色被導演選上了，對戲的演員都是金馬金鐘的男女主角或配角。

神真的是又真又活的神，只要我們持續開口禱告、感謝、常常倚靠祂的恩典，帶著由神而來的信心行動，你真的會體驗到什麼是「在人不能、在神凡事都能的祝福」，感謝上帝，感謝我在一個這麼尊重、關心世界、社會和人權各種議題的教會，謝謝牧師和每一位弟兄姊妹，有你們真好。

——Max

當敬拜歌曲前奏一響起，我沒來由地落淚，腦海中浮現「放心做自己，歡迎回家」的字句，感覺神在對我説話，當下感動無法言語，這是我第一次步入真光福音教會的感受，有別於其他主流教會的拘謹，真光給我更多的是擁抱自由的氛圍。

我是Ken，於二〇二一年四月來到真光，是一位同志基督徒，過去長期在主流教會因著性別議題，無法全然敞開，戴著面具在教會中將近十個年頭，習慣這樣的應對方式，也不想替自己帶來麻煩，但心中掙扎的聲音與日俱增，直至二〇一八年偶然看到懋禎牧師的影片，提到：「同志能夠帶來的影響，是跨越自己同志的社群，上帝愛同志，是願意給同志力量，這個信仰歡迎所有人」，心想這不就是神在預備給我的教會嗎？這段影片我至今難忘，礙於當時還委身在上間教會緣故，一直到二〇二一年才走進真光。

感謝兩位牧師及主內家人們，讓我感受十架主愛的甘甜美好，十架垂直是我們與神的連結，平行則是與弟兄姊妹建立關係，謝謝神帶我回家，讓我在真光找到這兩種愛的關係和連結，而神也讓我學會不再倚靠自己，而是懂得求助他人，同時交託給神，如箴言提及「惟有倚靠耶和華的，必得安穩」。即便未來身在何處，我深信神帶我來這裡絕不是偶然。

——Ken

作為一位從小就對教會沒什麼好感的人，我在高中時因著還人情的緣故才去了教會，甚至在禱告時還擺明了說：「不管祢存不存在，我不需要祢。」沒想到如此心不甘情不願地到現場，仍然大大的經歷了神的愛，自那天起，我每個禮拜都會到主日、小組報到，成為大家眼中的火熱基督徒。

我向當時的教會坦承了我的性向，心想：「上帝愛同志的方式，就是讓同志能夠靠著神成為異性戀，進而過著被社會肯定的幸福人生。」自己也在同婚躍上新聞版面那時，參與了反方的團體。幾年後我離開了當時的教會，重新定位自己跟神的關係，再次接納了自己同志的身分，甚至開始在網路平台上為多元性別族群發聲。流浪三年後，我再次被神喚起了當時的呼召——要傳福音給同志，要把人帶到不會再因為性向而受傷的地方。

來到真光最令我感動的是，看到許多伴侶不僅愛情長跑，還一起委身服事神，不需要靠複雜的神學解釋，就能肯定上帝是祝福同志伴侶的！因著大家美好的見證，以及真實感受到的彼此相愛，這股動力一直推進著我向更多人傳「歡迎所有人的福音！」

——**歡歡**

「主啊，如果去教會真的是必要的，請為我安排適合我的教會！」受洗的那一刻，我和主說著這句悄悄話。

因著一位同事的邀請，有一陣子工作午休時分，我們一起讀經、唱詩歌，那時候我經常唱著詩歌就淚流滿面，讀著聖經就滿有領受，體會著什麼是被主話語光照的感覺。然而我始終拒絕同事進一步的邀請——受洗成為基督徒、過教會生活，因為我知道，因著性傾向的議題，我可以在主裡真實，在教會卻無法。

但主的愛領著我一步一步向前，我受洗了，只是從受洗的那一刻起，我也決定了徹底的遠離教會，我想知道主會怎麼回應我的呼求。

受洗後的二、三年，我遇到人生的低潮，朋友、家人都無法把我從泥淖中拉出來，彷彿走到盡頭的時刻，我回到了教會，知道教會生活有其必要；接著，偶然在電視上看見張懋禛牧師介紹真光福音教會，深被吸引；然後又在我三心二意的在不同教會遊走時，懋禛牧師講道談及委身教會的意義，讓我心裡也漸漸浮現答案：真光就是適合我的教會，在這裡我可以真實的展現自我。

那一天，聽著牧師說著教會成立的日期——二〇〇八一月六日，有種熟悉感，回家馬上尋找朋友在我受洗當日送的卡片，是的，同一天！這不是巧合，是主回應了我的呼求，讓我心悅臣服的感恩，知道主的安排是最好的安排。

——余亭儀（Ellen）

二〇一五年，我們正預備著一個新的家庭成員，我很感恩能平安順利地迎接新生命。四月，我們迎來了我們的小傢伙，他很快就成為了大家的焦點。衝突伴隨著喜悅而來。經歷過波折地產後護理、初為人母、搬遷帶來的變化，讓家庭關係變得緊張。

我很幸運，上帝看護著我。憑著信心，神幫助我度過了這些難關。上帝不僅給了我一個孩子，而且還從黑暗中帶來了光明。機遇與挑戰並存，新冠疫情緩解了我們家庭關係中的緊張。此外，搬到台灣幫助我們重新把焦點挪回這個家庭。

睡前祈禱一直是母子情感建立、也是與上帝交流的時間。我們為家人、朋友祈求力量、平安，為平安的一天感謝上帝。我們感謝上帝給我們豪華的計程車乘坐，我們感謝上帝給我們新的體驗，我們感謝上帝計畫在預期外，我們感謝上帝帶我們到尊重多元與差異的城市和教會……我們在日常生活中時時感謝上帝。

育兒不是簡單的，建立和維持健康的關係是艱難的。所有的關係都需要溝通、愛和尊重。我很感激有這樣一個可愛又懂事的孩子，感謝上帝在我迷茫時點亮了我的眼，孩子是上帝最好的禮物。我對上帝有信心，上帝會在這段旅程中一路指引我們。上帝照顧這個家庭。上帝對每個人都有祂的計劃。我們在上帝的手中一切順利。

——Sophia

我深信那在你們中間動了善工的，必在耶穌基督的日子成全。（腓立比書1:6）

求你不要躲開不理我！求你不要發怒，趕走你的僕人；你一直是我的幫助。拯救我的上帝啊，求你不要離棄我。就是我的父母離棄我，上主也要看顧我。（詩篇 27:9-10）

身為老么從小受家人的寵愛，但大學離家後跟家人間的來往，只剩下言語文字，少了肢體互動，漸漸得我開始覺得自己是家中是多餘的一人，八年下來累積成為我憂鬱症的病根。今年（二〇二三）已與憂鬱共處五年。過去理智上知道爸、媽很愛我，但無法打從內心感受到，直到二〇二〇年到真光敬拜時，找回感受無條件愛的信心，也在多名教友的督促下積極就醫，了解自己身心分離的情況，這和阿爸父賜予亞斯伯格性格有關。

我很感恩阿爸父和真光的陪伴，完成我在二〇二一的大夢想——和爸媽恢復真心對話的時光，現在已經可打從內心接受到爸媽隱晦的愛，彼此會聊天，就算會吵架，但也有信心知道自己會是家中重要的一員，更不會是在這世界上多餘的，會持續跟隨阿爸父的帶領，挑戰下一個夢想——回中部老家傳「歡迎所有人的福音」。

要信靠上主！要堅強壯膽！要信靠上主！（詩篇27:14）

——思羽（丁丁）

過去我一直認為人出生時手無寸鐵無法自力更生，能依靠只有身邊的大人，長大後也是靠依附別人才有存在感。因此我一直錯把依賴當成愛的表現，總希望能遇到可以依靠的對象。沒想到嫁給會酗酒的前夫，在婚姻中得獨自處理一切，工作和帶小孩蠟燭兩頭燒，每天像活在地獄中一般。有一晚在回家路上，看到大樓跑馬燈寫著「你想幸福嗎？」，被吸引走進去卻是一間教會，開啟了我的信仰道路。

花了一輩子尋找愛，上帝透過許多人的見證、社工與心理師的幫助、真光福音教會的牧養，終於找到自我認同感，也可以從微小細節中發現上帝給我的愛。不用等著別人施捨，上帝讓我知道我感恩的越多，我就被愛的更多：愛是父親對我健康的叮嚀，母親每天美味的晚餐，朋友親切地問候，小孩的自動自發跟願意配合，還有便利商店我愛吃卻銅板價的巧克力蛋糕！

二〇二三年開春上帝給我的經文訊息是「我的幫助從造天地的耶和華而來」（詩篇 121:2）。簡單的相信，就可以超級幸福（信服）！想要找到你的幸福嗎？來真光福音教會經歷神吧！

——**曉雯**

二〇〇八年一月，我加入真光，十五年真光定義了我的生命，倘若沒有真光，我必定不是今天的我。當時剛完成研究所學業返台，三四年間找不到接納自己身分的教會，信仰生命飄蕩流浪，加入真光認同歡迎所有人的異象，於我就像個清晰的答案，但當時的我，絕對想不到這個決定會對我的生命帶來何等奇妙的轉變。

真光的氛圍是自由且充滿熱情的，從創立之初就傳遞這樣的信仰觀，相信每個生命都有獨特呼召，要在這世界實現，每個人都能藉著自己的能力、熱情與經歷，完成呼召，投入與回應就是生命的意義，帶著雙重少數身分的群體，而能沒包袱地跳脱宗教框架來單純追求信仰，用真實樣貌與神建立親密關係，用神的眼光看待自己，挖掘生命獨一無二的價值。

我經驗到透過禱告、敬拜、和信仰夥伴的交流，能夠連結神聖的生命源頭，體驗生命轉變的過程，緊扣「健康、熱情、豐盛」的核心價值。在真光這十五年我實現許多人生大事：在專業上完成開創工作；和伴侶有健康關係、求婚、結婚：向家人出櫃、得到支持與祝福：甚至領受呼召、接受差派出國宣教。都是因為在真光得到豐盛的神恩，成為我們願意走出去與人分享的力量。

神真實與真光同在，我的內心深處，每一刻都不斷湧出對真光的感恩之情。

——**小嘉**

兩年前，因著各種環境的改變，太太萌生移民的念頭。而我是猶豫不決，心想若要離開家人和朋友、面對全新環境、文化衝擊，談何容易，加上經濟及工作的不確定，身心靈俱疲。糾結了一個多月，我向神求告：「祢知道我的忐忑，我好需要你的指引」。然後，「門」開了。那週分別和兩位朋友閒聊，他們不約而同表達支持，也願意幫忙。短短三個多月內，我成功遠距在新地方找到住處，申請移民各樣繁瑣的文件和千百件需要交代的事務，也奇蹟式的順利完成。

最令我驚訝的是爸媽對我們離開的決定：「也好，我們走不動了，你們還年青，出外闖蕩吧。」父親知道我的決定，輕描淡寫的説；母親則一直不作聲，我雙眼不敢正視，因為捨不得兩老。「你們去到外地只有彼此，好好互相相愛、扶持。」母親在機場送別的祝福，是給予我們十六年關係第一次的肯定。我驚訝不已。父母親的愛就像天父一樣，在沒有預期的時候將你包圍，讓人措手不及，卻感動得無以復加。

感謝真光福音教會的牧師和會友們，一直持續記念、為我們和香港禱告。認識真光十年，過程中讓我更清楚持續禱告的力量，正如懋禎牧師說，有困難和限制的時候，堅定相信神，我們就經歷最大的神蹟。

——Bell Tsia

十三年前我突然癱瘓又奇蹟般的康復後，在某次聚會領受懋禎牧師為我作預言禱告。我順著聖靈感動來台灣參加真光特會，第一次在敬拜中以「心靈」而非「理性」敬拜。之後因為健康、感情、工作上的困境，在禱告中神要我放手交託，祂是我的「耶和華以勒」。沒想到神奇妙的帶領我移民台灣，如願在真光聚會近一年多。每週禱告殿在敬拜的海洋裡，沈浸在與主面對面的時刻；小組聚會與肢體的分享代禱、組長Vivian滿有智慧的教導，更新已信主十多年的我。

聽到Elisha牧師傳講財務豐盛的信息，讓我立志作十一奉獻，開始經歷神奇妙供應，當我願意先獻上初熟果子，神就加添給我，使我成為祝福的管道，所得非但沒有減少，生命也如活水，充滿著力量和喜樂。回香港後，正值中年轉換職場跑道，神為我預備適合身體狀況的工作，是我年輕時抗拒的教職，沒想到現在卻對幫助學生成長充滿熱情。想起八年前神曾透過意念對我說：「我要使用你的經歷，模塑你的性格，預備我將要成就的工作」。神如自己所應許的從未撇下我，每個時刻總與我同在，神蹟般的讓我活出不一樣的生命。

生命的高低起伏充滿恩典，除了向主獻上讚美，也向在這過程裡帶領我一步步與主更親密、我所尊榮的真光福音教會，獻上深深謝意和祝福。

——Jeffy

來真光福音教會前，是我人生中相當黑暗的一段時光，因為不敢面對自己的性向，與家人和朋友關係的疏離，以及工作上的壓力，腦子無時無刻都在緊張焦慮停不下來，每天睡眠時間只有半小時左右，最後身心都疲憊的狀態下，變成憂鬱症，持續看了心理諮商與身心科一年半左右。

我從小就在教會長大，在我漸漸地發現自己喜歡同性後，非常害怕成為教會朋友感到厭惡的對象，多次和神禱告讓我變成異性戀卻沒有得到回應，我選擇不再跟教會朋友有任何互動，除了每週日的禮拜以外，不參與教會的其它活動。

我一直不知道該如何面對信仰與性向的極大衝突，但在諮商師的談話後，我在網路上搜尋到了歡迎所有人的「真光福音教會」，第一次踏進教會，就被牧師的講道與敬拜吸引，特別是牧師本身也是經歷過信仰跟性向的衝突，並且親身化解這樣的衝突。

好幾次我在情緒低潮中，沒有原因的恐慌焦慮，在牧師們的陪伴禱告後，讓我心情逐漸平穩；在那之後，牧師們也建議我參加教會小組與服事，在一次又一次的和會友們分享禱告中，我更加認識自己，開始與家人朋友有更多的互動，也能將工作上的壓力交託給神。

感謝神，讓我在真光福音教會知道神是歡迎所有人的，也讓我在真光福音教會重新擁有豐富的教會生活。

——Allen

十二年前來真光時我還是佛教徒，認為宗教皆勸人為善，態度驕傲又帶著防衛心。那時媽媽罹癌過世一年，我無法接受她善良又熱於助人，卻在癌末的身心靈折磨裡英年早逝。喪母之痛和對信仰的疑問像無底洞吞噬我的喜樂，行屍走肉般照著媽媽的交代照顧爸爸和家務。

有次牧師透過好撒馬利亞人的經文教導我們都有天父的DNA，天性是和神一樣行公義好憐憫，而非因為這是一件好事才做。我才驚覺自己努力做好事是為了得到福報，所以當媽媽生病承受折磨卻不見神蹟時，我感到被神明背叛而憤恨不平。

某次禱告殿，牧師邀請內心有黑洞、無法擺脫負面想法的人來接受禱告，我鼓起勇氣上前，「親愛的天父，請祢平息泡泡內心風浪，從今不再自己承受重擔，祢會與他一起扛，他最愛的人已經在祢手裡，不需再擔心」，我像是受委屈鑽進媽媽懷裡一樣放聲痛哭流涕，終於知道即使媽媽生前不認識神，現在她已在神懷裡不再受苦。隔天醒來，我感到前所未有的輕鬆，長久的沉重感一掃而空！

神打破我的罪與羞愧，不再活在「還上輩子造的孽、為下輩子行善」的輪迴裡。現在我深知基督信仰超越任何宗教，祂是唯一真神，因為我親身經歷祂醫治恢復的大能，如今才能重生，持續活出健康、熱情又豐盛的生命！

——**泡泡**

記得初到真光福音教會聚會時，我在公司遭人陷害，感情又碰壁，生活差點不知道怎麼過下去。當時，牧師教我們製作夢想板，我在自己的夢想板寫下「我要考回台大唸研究所」。那年底，我真的考上研究所了，而上帝也真的是責任負到底的上帝——在研究所碰上一個個挑戰，上帝都給我足夠的恩典讓我穩住，就這樣，我完成了一份又一份好品質的期末報告，也完成了自己夢寐以求的碩論。現在的我，跟初到真光的我比起來，真的豐盛了很多。

儘管如此，生活還是有迷惘、挫折的時候，所幸教會每個禮拜都為我們預備了禱告殿，讓我們親近上帝、接受上帝的照顧。在敬拜團的帶領下唱詩，心真的會靜下來；每每唱完詩，牧師也都會跟我們描述禱告時領受的異象，並帶著我們順著異象禱告。在牧師的帶領下，禱告對我幫助很大，透過異象，我可以深深地感覺到上帝在我的生命裡動工。因為上帝介入了，生活於是有了盼望。我想就是這一點一點的盼望，讓我得以在挑戰滿滿的人生中茁壯。

——**莊沛華**

04

重要影像記錄

我計劃的不是災難，而是繁榮。

——耶利米書29章11節

二〇〇八年，真光福音教會第一場主日禮拜在懋禛牧師與Dennis位於板橋的住所正式開始；八位平均年齡只有二十多歲的年輕人，看著手提電腦螢幕、跟從電腦喇叭播放的敬拜詩歌，向上帝獻上心靈與真誠的敬拜。

同年三月底，教會租下林森南路上一個由車庫改的空間，開始真光福音教會坐落在台北市中心的成長歷程。在牧師、同工、會友、與上帝以奇妙方式使用來自世界各地支持者的共同努力下，透過各項聚會及福音行動，教會扎根漸漸成長。

到了二〇〇九年，教會搬遷到中山北路與市民大道交叉口附近可以容納約八十人的辦公室空間，牧養關顧生命、擴展福音工作，繼續站穩茁壯。最後，終於在二〇一五年正式於大安區落腳，在一個能容納兩百多人的空間聚會，展開教會宣教事工與永續發展目標的全新里程碑。

這裡的照片，記錄了真光一路走來的歷程點滴。上帝要持續使用真光福音教會在世界擴展祂慈愛、公義、超自然的國度，邀請你來真光認識基督信仰、跟我們一起參與在其中，經驗上帝無條件的愛、行耶穌所行的公義，你也可以成為上帝手中的神蹟、成為世界奇妙的祝福！

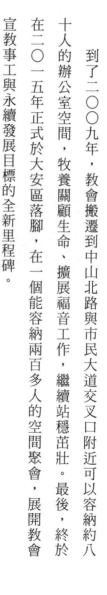

1 | 2008 年 3 月第一個承租地點，由車庫改裝的禮拜堂。

2 | 2009 年 9 月承租第二個地點，軟硬體邁向專業化。鄰近政府機關，擴張真光宣教面向。

1/2

1 | 2010 年 11 月 15 日協辦「與彩虹有約 ── 給同志選民」政見發表會，包含蕭美琴等政治人物參與。

2 | 2010 年 4 月 24 日真光第一場婚禮，為異性配偶婚禮，祝福雙方親友。

1/2

3 | 1/2

1 | 2015 年 5 月第四個承租地點，聚會空間超乎所求所想。此為 2018 年真光福音教會十週年，教會外觀進行全新設計，煥然一新。

2 | 2015 年 5 月 24 日四維路禮拜堂落成感恩禮拜。張懋禎牧師和 Dennis 與張宗隆牧師和林玉如師母合照。兩位長輩是真光一路走來重要的支持與引導。

3 | 2015 年 7 月 26 日 Elisha 牧師封牧典禮。她雖因同志身分遭神學院拒絕，但不放棄回應上帝的呼召。

1 | 2017 年 7 月 29 日 Alive 國際特會。真光的特會是聚集來自世界各地支持多元性別的基督徒，在心靈與真誠的敬拜中經歷上帝各樣神蹟與動能。

2 | 2018 年 11 月 21 日主辦「信心、希望、愛與平權公投講座」。

1/2

2018 年 8 月 29 日張懋禎牧師與 Elisha 牧師參與「三個不同意，幸福 OK 記者會」。

參與 2018 年 11 月 18 日「為愛返家——搭上幸福特快車」音樂會記者會和擺攤。

1 | 2020 年 10 月 31 日台灣同志遊行，穿梭於人群中的真光標語們。

2 | 多年來，真光的孩子都會一起參與台灣同志遊行。

3 | 2020 年 1 月 9 日台灣總統和立委選舉前夕，在每週四的 Heaven Come 敬拜禱告殿舉行「守護民主台灣」禱告會，真光經常為上帝的慈愛與公義能臨到國家、世界禱告。

3 | 1/2

1 | 真光服務異性、同性、單親家庭，多樣形態都擁有上帝的祝福。

2 | 真光每週日都進行兒童活動，圖為 2022 年 10 月 23 日「大手牽小手」說故事繪本活動：胡利安是隻美人魚。透過繪本、彩繪面具、和跨性別者 Deven 的分享，讓孩子們認識多元性別的生命故事。

3 | 上帝愛動物，真光營造讓主人、毛小孩、會眾都能安心聚會的環境。

3 | 1 / 2

在領受主日信息之前，我們會舉起聖經，宣告以信心領受並實踐上帝的話語。

1 | 2022 年 12 月 11 日 邀請人權工作者和人權團體演講的「世界人權日」活動。

2 | 2023 年 4 月 30 日「世界地球日」主日禮拜中推廣「台灣動物社會研究會」組織倡議之「讓母雞自由，廢除格子籠！」連署。

3 | 2022 年 12 月 3 日「聖誕淨山活動」，以行動關注環境議題。

3 | 1/2

謝詞

Elisha 牧師

感謝上帝，因著祂信實的引領，真光福音教會十五年來，總是在不同的挑戰中看見祂恩典與盼望的曙光，循著光勇敢前行，為要榮耀祂慈愛與公義的聖名。

本書得以完成，要感謝許多人的支持與協助。

首先，要感謝最常為我們守望禱告的牧者長輩——張宗隆牧師與林玉如師母。不論是透過電話的關心，甚至親自北上參與聚會，敘話之間都能感受到他們對基督福音是否透過真光持續在世上傳揚、是否關顧到生命的需要有著極大的熱情；心心念念真光成為活出基督樣式、充滿上帝榮耀的教會。能夠站在屬靈長輩的巨人肩膀上看見應許之地，我們何等感恩擁有如此寶貴的屬靈資產，成為真光福音教會重要的後盾與保護。

再來，要感謝本書的執筆人與投稿人，細心記錄上帝透過你們所彰顯各樣驚奇、恩典的神蹟。這些神蹟所指向的是上帝本身，見證祂在這個世代親自突破藩籬，帶領多元性別族群、多元家庭組成、身心疾病患者、或正在承受社會異樣眼光與歧視的人們，來到這間共融的教會。我們也親眼看見，每一位神的兒女——不分性別、性傾向、身分與社經地位，都真實經驗祂奇妙又豐富的愛，並願意以委身的生命來共榮上帝。我們期盼，這些故事要帶來的是永恆的盼望，使看見的激盪出心中的漣漪，撼動更多生命渴慕經歷歡迎所有人的福音。

也謝謝十多年來跟真光合作、不同領域的社會團體，特別是台灣同志諮詢熱線、彩虹平權大平台、台灣同志家庭權益促進會。因著你們長期對性平工作的努力，對我們信仰價值的信任，一同成為平權路上的好夥伴，使上帝愛所有人的福音工作得以實踐在台灣社會。期盼持續共創沒有恐懼，真正多元、平等、尊重的世界。

感謝啟示出版社，當我們提出本書的出版計畫，總編輯與副主編不吝在討論中以豐富的經驗幫助收斂主題、聚焦方向、大力協助出版工作細節。也謝謝徐璽設計工作室設計的書封，在視覺上完美呈現「真光」的意涵與異象。謝謝參與此專案的所有人員，使這本書不僅是真光福音教會十五週年的紀念，更成為歡迎所有人福音的重要出口。

特別感謝本書所有推薦人（以下按姓氏筆畫順序）：前立法委員尤美女律師、政治大學社會工作研究所教授王增勇、台灣同志諮詢熱線秘書長杜思誠、新媒體宣教學院學務研發主任邱慕天、台灣基督長老教會牧師陳思豪、濟南長老教會神學與教育牧師鄭仰恩、彩虹平權大平台執行長鄧筑媛、台灣同志家庭權益促進會秘書長黎璿萍、國家人權委員會委員葉大華、玄奘大學專任教授釋昭慧法師。謝謝你們長期致力推動人權與多元性別族群的平等權益，不論是立法、教育、宗教、社會福利倡議層面，因著你們對平權價值堅持不懈的奮鬥，最後得以為台灣多元性別族群撐出尊嚴、平等的空間，為台灣人權歷史寫下神蹟的一頁！

最後要感謝每一位真光人的家人、朋友，以及所有支持多元性別族群的基督徒與牧者們，因為你們對上帝的信心，以及各種形式的關懷、禱告中的紀念，使我們在建立歡迎所有人教會的路上，縱使時而有顛簸，但正是因著這份堅定的支持力量，使我們持續朝著上帝應許勇敢大步向前！

懋禛牧師在二〇二二年的講道中提到：「神蹟有個方程式：大夢想＋敢行動＋神介入。」真光福音教會正是這樣開始的，真光人正是這樣經歷的。願你也與我們一起，成為神蹟！大膽發掘上帝放在你生命的神蹟！

將此書獻給上帝創造獨一無二的生命們：

不要忘記！你本身就是神蹟！

不要停止！上帝要擴張你經歷更多有祂同在的神蹟！

國家圖書館出版品預行編目資料

成為神蹟，你也可以！──從有限到無限，真光福音教會的勇氣與見證 / 真光福音教會著. -- 初版. -- 台北市：啟示出版：英屬蓋曼群島商家庭傳媒股份有限公司城邦分公司發行, 2023.08
面； 公分. -- (智慧書系列；27)

ISBN 978-626-7257-15-9 (平裝)

1.CST: 真光福音教會 2.CST: 基督徒

246.3 112008612

智慧書系列27

成為神蹟，你也可以！——從有限到無限，真光福音教會的勇氣與見證

作　　者／真光福音教會
企畫選書人／周品淳
總 編 輯／彭之琬
責任編輯／周品淳

版　　權／吳亭儀、江欣瑜
行銷業務／周佑潔、周佳葳、賴正祐
總 經 理／彭之琬
事業群總經理／黃淑貞
發 行 人／何飛鵬
法律顧問／元禾法律事務所 王子文律法師
出　　版／啟示出版
台北市104民生東路二段141號9樓
電話：(02) 25007008 傳真：(02)25007759
E-mail:bwp.service@cite.com.tw
發　　行／英屬蓋曼群島商家庭傳媒股份有限公司城邦分公司
台北市中山區民生東路二段141號2樓
書虫客服服務專線：02-25007718；25007719
服務時間：週一至週五上午09:30-12:00；下午13:30-17:00
24小時傳真專線：02-25001990；25001991
劃撥帳號：19863813；戶名：書虫股份有限公司
讀者服務信箱：service@readingclub.com.tw
城邦讀書花園：www.cite.com.tw
香港發行所／城邦（香港）出版集團
香港灣仔駱克道193號東超商業中心1F E-mail: hkcite@biznetvigator.com
電話：(852) 25086231 傳真：(852) 25789337
馬新發行所／城邦（馬新）出版集團 Cite (M) Sdn Bhd
41, Jalan Radin Anum, Bandar Baru Sri Petaling, 57000 Kuala Lumpur, Malaysia.
Tel：(603)90563833 Fax：(603)90576622 Email：services@cite.my

封面設計／徐壐設計工作室
排　　版／芯澤有限公司
印　　刷／韋懋實業有限公司

■2023年8月1日初版 Printed in Taiwan

定價400元

城邦讀書花園
www.cite.com.tw

 ISBN 978-626-7257-15-9